Heinrich Preschers

Die deutsche Hausmutter

ein Schauspiel in 5 Aufz. Mannheim, Neue Hofbuchh. 1790

Heinrich Preschers

Die deutsche Hausmutter
ein Schauspiel in 5 Aufz. Mannheim, Neue Hofbuchh. 1790

ISBN/EAN: 9783743477919

Hergestellt in Europa, USA, Kanada, Australien, Japan

Cover: Foto ©ninafisch / pixelio.de

Weitere Bücher finden Sie auf **www.hansebooks.com**

Die
deutsche Hausmutter,
ein

Schauspiel in fünf Aufzügen.

Mannheim
in der neuen Hof= und akademischen Buchhandlung
1790.

Personen.

Frau von Pfalzbach, die Wittwe eines reichen Banquier.

Karl v. Pfalzbach, Hofrath.
Wilhelm v. Pfalzbach, Regigiments-Quartiermeister und Hauptmann.
Frenzel, verheirathet an
von Bedorf, ein Oberamtmann.
} ihre Kinder.

Minnchen, Nichte der Fr. von Pfalzbach.
Sophie, eine Schauspielerin.
Therese, ihre Schwester, verheirathet an
Doran, ein Fechtmeister.
Hannchen, Sophiens Stubenmagd.
Hof, des Hauptmanns Aufpasser.
Johann, Bedienter der Frau von Pfalzbach.
Jakob, Bedienter des Herrn von Bedorf.
Ein Keller in dem Reboutenhaus.
Eine Dragoner-Ordonnanz.

Erster Aufzug.
Erster Auftritt.

Sophiens Zimmer mit Seitenthüren.

Sophie (tritt aus einer Seitenthüre). Hannchen! Hannchen!

Hannchen (kommt durch die Thüre im Hintergrund) Was befehlen Sie?

Sophie. Mein Gott wie saumselig bist du heut: — Geh doch liebes Kind! du weißt ja; wie viel für mich von diesem Gang abhangt. — Gieb nur auf seine Stellung, Gesichtszüge, Farbveränderung, alles, alles genau, recht genau acht; du aber seie mir um alles in der Welt heiter.... je munterer wir Mädchens bei den wichtigsten Auftritten bleiben, je mehr gewinnen wir in den Augen der Männer Mitleiden oder Ehrfurcht, das ist gleich viel, durch beides immer die Erzielung unserer Wünschen.

Hannchen. Für Sie, Mamsell, alles von Herzen—Mit dem Herrn Hauptmann komme ich auch so ziemlich schon zurecht; nur der alte Muff von Bedienten, den er hat, das ist ein entsezlicher Kerl — fährt einen so wild an — aber das lezte mal hatte ich ein königliches Vergnügen — da wollte er mich wieder so abspeisen, ich aber redete so laut, mit Fleiß so laut, daß der Hauptmann mich hören mußte — und endlich selbst kam — Ich sagte ihm alles, und versalzte und verpfefferte es mit einer recht beissenden Miene — da wurde nun Tit. Hof gehörig zugeschnitten.

Sophie. So ganz recht ist mir das nicht, liebes Hannchen! mach einmal einen Meisterfang — hast doch schöne Augen, zarte Hände, und an Kniff und Pfiff fehlt es dir auch nicht — kapre uns den Alten —

Hannchen (tritt mit Schrecken zurück). Allmächtiger Gott, welcher Gedanke Mamsell! ich — den Alten? (lacht)

Sophie. Liebes, bestes Mädchen! für jezt schadet uns der Alte noch nichts, aber in der Folge, bei einem entscheidenden Augenblick — Wer kann alles vorhersehen? Ich hoffe immer daß....

Hannchen. O für Sie, Mamsell! würd

ich gewiß alles aufopfern, aber...., der Kerl ist gar zu häßlich.... betrachten Sie nur sein Gesicht, so..... widerborstig wie ein gereizter Eber.

Sophie. Sonst also keinen Einwand? antworte mir doch;—könnte dich je der Gedanke anwandeln, einen Mann zu lieben?

Hannchen (sieht sie scharf an — entschlossen) Warum nicht? wahr ist es gewiß, daß wenn ich heirathe, ich keinen nehme, den ich nicht aufrichtig liebe —

Sophie. O du heilige Einfalt. So schulgerecht zur ehrlichen Hausfrau hat deine selige Mutter dich gemacht? (mit Nachdruk) In jedem Mann liebe dich; dies sei dein Grundsaz; da Vergnügen, dort Ehrgeiz, bei diesem Tändelei, und bei jenem klingenden Nuzen..... dann sage: du hast den richtigsten Weg zum Gipfel menschlicher, und was mehr noch ist, weiblicher Glückseligkeit eingeschlagen.

Hannchen. Ja Mamsell! wenn wir nur kein Herz hätten, uns nicht von Jugend auf ein Ideal von männlicher Vollkommenheit aus all den Romanen formten, die uns zu Händen kommen — früh oder spat den Mann nicht sähen, bei dem wir unser Ideal zu finden wähnen, weil

er Redlichkeit, Tugend und Treue prediget,
und wir alberne Geschöpfe durch seinen Blick er-
wärmt in seinen Händedruck hinglühen . . . . .
O leugnen Sie es nicht, Mamsell! — Gegen-
liebe für Liebe ist der höchste aller weiblichen
Wünschen.

Sophie. Liebes Mädchen! du irrst; kennst
das Herz der Männer nicht — Glattzüngige
Schwüre, Hannchen! reden in dem offenen Herzen verdachtloser Unschuld verkappter Verführung das Wort; und sträflicher Leichtsinn für
biedere Treue, hämische Verachtung für heisse
Anhänglichkeit, und wachsender Spott für un-
auslöschbare Liebe sind das Loos jedes unglücklichen Mädchens, das Liebe waget — O hätten
sie doch alle meinen Entschluß; glühende Rache
wollten wir an diesem stolzen Geschlecht nehmen,
das so zügelloß, und nur zu oft so ungestraft uns
zu trozen sich erfrechet . . . . . . Nein also von der
Brust gesprochen, wer verarget uns? wenn
wir in der Wahl betrügen zu müssen, oder betrogen zu werden, uns mehr als unsere Feinde
lieben . . . . . . doch so viel für heute — (sieht
nach ihrer Uhr) denk beinahe zehen Uhr . . . . Wenn
Pfalzbach) nur noch zu Hause ist . . . . . eile —
eile — und vergesse deine Rolle bei dem Alten
nicht; sage ihm viel Schönes von mir —

Hannchen. So weit wäre ich also gesunken, daß ich um das Herz eines deutschen Dragoners buhlen muß; wärs nur noch ein Franzoß — O zur Liebe sind das doch ganz eigene Männer —

Sophie. Gehe nur, wenn meine Hofnung mich nicht trügt; dann siehst du noch mehrere Nazionen zu deinen Füssen schmachten — Jezt aber eile — (wie Hannchen durch die Thüre im Hintergrund abgehet, kommt)

Zweiter Auftritt.

Therese (durch die andere Seitenthüre) Wo schickst du Hannchen hin? kann sie mir doch gleich Handschuh für heut Abend mitbringen.

Sophie. Lasse sie nur gehen, es eilet; und für deine Handschuhe ist es noch Zeit, wenn sie wieder zurücke kommt . . . . . . Nun Schwesterchen! ist dein Zorn verschlafen?

Therese. Deine Sache ist es, Schwester! ich meine es gut, doch glaube mir, wir verscherzen oft Augenblicke, die nicht mehr zurücke kommen —

Sophie. Wie verstehest du das?

Therese. Aufrichtig Sophie! kannst du dein Betragen gegen Pfalzbachen rechtfertigen? deine Aufführung mit dem Obristen auch nur entschuldigen? Hoffentlich bist du doch so weit noch nicht gesunken, in anerkannten Fehlern zu verharren! — Du siehst Schwester! von dir allein hangt es ab; und Pfalzbach heirathet dich wider den Willen der ganzen Welt — und doch hangst du am Obristen? Bedenke, bedenke, welche Wahl? hier die Frau eines ehrlichen Mannes, und da.... soll.. muß ich dirs platthin sagen? die Buhlerin eines adelichen Wohllüstlings — O Sophie! trete zurück....

Sophie. Hast recht, in allem recht, liebes Herzensweib! Nur siehst du meinen Plan, und dessen Entwicklung noch nicht ein — Pfalzbach soll, wird und muß mein Mann werden... Er ist ein guter Junge mit biederem Herzen, und .... Verstand just so viel, als ein gescheides Weib bei ihrem Eheherrn verlangen und leiden darf — doch kennst du Pfalzbachs Familie; nie wird man zugeben wollen, daß Pfalzbach ein Theatermädchen heirathe —

Therese. Theatermädchen, oder geheimen Raths Tochter stehen bei vorurtheilslosen Denkern auf einer Liste, nur Sitten und Tugend bestimmen den Vorzug.....Auch kannst du bei jeziger Aufklärung nicht sagen, daß man dem achten Schauspieler die verdiente Achtung entziehet —

Sophie. Nein, das nicht — aber irre ich, wenn ich zwischen dem Militaire und dem Theater einen Vergleich mache — Niemand leugnet, daß dieser große Stand der erste, der glänzendste des Staates seie, und doch wie wenig Offiziers siehst du, die im Stand sind, die starrköpfige Abneigung der meisten Eltern, ihre Töchter so verheirathet zu sehen, überwinden zu können. Warum? ist es Vorurtheil? ist es gründlich geprüfte Abwiegung der Folgen? Ist es Furcht für den Gefährlichkeiten des Standes selbst? ich kenne Väter, die ihre Töchter lieber einem Copisten, als einem rechtschaffenen Mann in Uniforme an den Hals werfen würden, und doch schwäzt alles von Glorwürdigkeit eines Ganzen, dessen einzelne Glieder man unterdessen durch die auffallendeste Begegnungen mißhandelt. Und so geht es dem Schauspieler bei dem neugebackenen Adel —

Therese. Du weißt, Schwester! Bücherlesen war nie meine Sache — Antworten kann ich dir also auf das alles nicht; so wie ich überhaupt von allem, was nicht in mein Hauswesen einschlägt, und die Ruhe meines Mannes oder das Wohl meiner Kinder angehet, den Kopf mir nicht warm mache. Was kann die Familie wollen, da Pfalzbach kein Stiftmäßiger Kavalier, sondern nur ein simpler Herr von ist — ich glaube, daß wenn eine Schauspielerin ein rechtschaffenes Mädchen ist, hier der Standesunterschied das Glück zweier Personen, die sich redlich lieben, nicht stöhren sollte —

Sophie. Wohl nicht sollte — Aber liebe Therese! wir ändern die Menschen nun nicht, und da wir mit ihnen leben müssen, so glaube ich, ist es besser, ihren Aeffereien etwas zu gute zu halten, und sich nach ihrem Schnitt, dem Schein nach wenigstens, zu modeln. Ich denke demnach so: vors erste ist es bei mir ganz unumstößlich ausgemacht, daß ich ohne eine Haupterschütterung bei der ganzen Familie meinen Pfalzbach nie bekomme — doch habe ich mir auch dieses schon zusammen calculiret .... hör nur.

Therese. Wozu aber all diese Umstände; Pfalzbach soll seiner Mutter erklären, daß er lieber nie heirathen, als dich verlassen würde. Was will sie dann machen? Ihr ältester Sohn hat keine Kinder, so wie ihre Tochter — Wo soll also das Vermögen hin? Doch wohl nicht an fremde lachende Erben? ich glaube vielmehr daß Frau von Pfalzbach eher dich zur Tochter annehmen, als all dem Verdruß sich ausseźen wird — Ach Gott! Sophie! laß deinen Plan, oder wie du das Zeug da nennest, bei Seite; bre≠ che mit dem Obristen auf eine gute Art, und zeu≠ ge der Welt, daß du als ein unbescholtenes Mädchen das Glück verdienest, das sich dir an≠ biethet, handle eingezogen, und vertraue auf Gott und Zeit — dann geht es gewiß am Ende noch gut.

Sophie. Alles nach deinem biederen Her≠ zen abgemessen; aber traute Schwester! mit diesen Leuten kann man unmöglich so zu Werke gehen — diese müssen erst recht durch einander gepeitschet werden, und dann fischet sichs im Trüben am besten. Pfalzbach, weißt du, hat die Regimentskasse in Händen, das ist der Brennpunkt, der das Ganze meines Planes beleben muß.

Therese. So niederträchtig, Schwester! wirst du doch nicht seyn? etwas von Werth oder gar Geld von Pfalzbachen anzunehmen?

Sophie. O behüte der Himmel! nein. Doch höre nur, der Obrist — du kennest seine Leiden≠ schaft für mich — der kömmt in meinem grosen Unternehmen vorzüglich, ganz vorzüglich zur

Sprache — Bis jezt hat er noch immer seine Laune, den Zärtlichen bei mir spielen zu dörfen, ohne Berechnung mit seinen Einkünften durchzusezen sich erfrechet — Bei seinem Aufwand, bei seiner Verschwendung bleibe ich gleichgültig, und ohne das geringste zu verlangen, lasse ich ihm das Vergnügen für sich selbst mehr, als für mich, zu Grund sich richten zu können — Nun Schwester! ziehe dir einmal ein Ganzes aus diesen drei Symptomen: erstlich närrisch verliebt, zweitens nicht immer Geld genug, und immer doch drittens einen Freund, dem es nie zum Vorschuß fehlen kann; Was denkst du? wenn dir Pfalzbachs Regimentskasse nun auch durch die Gedanken rasselt —

Therese. Aber um Gottes willen, errathe ich dich, Sophie! Nein, das ist unmöglich; sonnenklarer Betrug wäre es.

Sophie. Verstündest du mich ganz — Vorwurf würdest du mir keinen machen — Meine Absicht ist edel und gut: also wird kein vernünftiges Geschöpf diese glückliche und nöthige Wendung, die ich meinem Schicksal zu geben suche, mir verargen — das Theater bin ich übersatt, und will diese prächtige Gelegenheit, mich zu versorgen, aus bloser Empfindelei nicht versäu=

men, und hier noch weniger, da das Unglück mit einigen tausend Gulden ersezet wird, die der Landesherr am Ende vielleicht verlieren wird.

Therese. Mir ist alles das noch ein Räthsel — hie und da einige dunkle Ahndungen.

Sophie. Pfalzbach hat die Kasse, der Obrist braucht Geld, sein Vater ist Minister, und sein Taufpathe der Fürst selbst, deutlicher kann ich doch nicht reden — Aber ohntrügliche Folgen kann ich dir noch nicht vorher sagen — Rechtfertigung genug für mein Herz, wenn auch in dem übelsten Fall niemand Schaden leidet, und ich mein künftiges Glück bloß einer feineren Zusammensezung verschiedener Gegenwirkungen werde danken können —

Therese. Nein, Schwester! wünsche dir nicht, ohne Kummer zu leben, wen Gott liebt, den züchtigt er.

Sophie. Das gilt für Seelen, die durch Unglück gebeugt werden können, bei mir wächset nur aus Dank für empfangene Wohlthaten Frömmigkeit — Aber da kämen wir ins Unendliche — und bei nahe hätte ich das beste vergessen; wo ist Doran? daß ich ihn noch nicht gesehen.

Therese. Er gieng schon zu seinen Schülern,

als du noch zu Bette wareſt, doch wird er hoffentlich bald hier ſeyn —

Sophie. Mach mir meinen Choccolade — ich blättere indeſſen in meiner Rolle. (Sophie durch die eine, und Thereſe durch die andere Seitenthüre ab)

Dritter Auftritt.

Haus der Frau von Pfalzbach, Zimmer des Hauptmanns Hof macht ein paar Stiefeln zurecht.

Hof. Ich weiß nicht, was das bedeutet, daß die Läden alle in des Herrn Generals Quartier auf waren — ſollte er etwa hier ſeyn? das gefiele mir nicht, dann könnte ſich Hof auch wieder zu Wachten oder doch Ordonnanzen richten.

Hauptmann (Hauptmann tritt auf im Schlafrock und Pantoffeln) Was machſt du da mit Stiefeln Hof? ich ſagte dir ja gleich beim Aufſteigen, daß ich heute keine nehme —

Hof. Ich dachte aber, Bal iſt heute doch, und täglich zwei Paar ſeidene Strümpfe — koſtet ſo alles Heidengeld; hier iſt der Zettel vom Schneider —

Hauptmann. Haſt recht, lieber Alter; ſparen muß man; nicht wahr? ſonſt kann man den Aufpaſſer nicht bezahlen —

Hof.

Hof. Das gilt mir doch wohl nicht, ich handle hoffentlich so, daß jedermann sehen muß, nicht für die Paar Gulden bleibe ich — aber vor's erste kann ich nicht müßig gehen, es ist mir also Zeitvertreib, ... und daß ich lieber bei Ihr Gnaden —

Hauptmann. (stampft mit dem Fuß) Mit deinem elenden Ihr Gnaden.... Hauptmann bin ich .... laß doch in's Teufels Namen all den Quark von gedichteten Erniedrigungen und meist boshaften Kriechereien bei Seite. (es wird geklopfet)

Hof. Nu, nu gemach nur jezt, es klopft jemand —

Hauptmann (in Gedanken) Siehe zu, wer es ist. Hof macht die Thüre im Hintergrund auf, und ganz mürrisch) Da sagt selbst, wer ihr seid.

Hannchen (tritt auf) Nicht so mürrisch, Herr Hof! ich bin ihm ja auch nicht feind, und doch .... (nimmt ihn bei der Hand, und seufzet)

Hof. Ei was?

Hannchen. Vielleicht wenn wir uns besser kennten.

Hof. Herr Hauptmann hier ist Besuch.

Hannchen (will ihm den Mund zuhalten) Wofür ruft er seinen Herrn? schweige er doch, ich hätte lieber noch mit dem Hrn. Hof geschwazt —

B

(der Hauptmann schaut auf, und erschrickt) Ihre Dienerin, Herr Hauptmann! (Hof ab)

Hauptmann. Was bringt sie mir, Hannchen.

Hannchen. Auſſer einem Compliment gar nichts; wenn Sie mich aber fragen wollten, was ich hier zu ſuchen habe?

Hauptmann. Scherzt ſie, Hannchen! ſie hat ſicher ihre Mamſell nicht recht verſtanden, wohin ſie gehen ſollte —

Hannchen. O mit Ihrer gütigen Erlaubniß . . . . Aber ganz in Ernſt, Herr Hauptmann! erinnern Sie ſich nicht, geſtern ſo etwas, daß allenfalls einem Schuhe oder gar Pantofel ähnlich wäre, bei meiner Mamſelle mitgenommen zu haben?

Hauptmann. Geſtern, Hannchen! geſtern hätte ich ſicher nichts mitgenommen; auch war ich nicht allein bei Sophien; ſage ſie ihr alſo: Pantofel hätte ſie keinen gefunden, wohl aber einen Mann geſehen, der auf Sophiens Befehl bereit iſt, von wem es in der Welt ſeie, den vermißten Pantofel zurück zu fodern —

Hannchen. Nicht ſo hizig, Herr Hauptmann, nicht ſo hizig; — Nicht Sie alſo hätten den Pantofel (faßt ihn ins Auge) nicht gelacht — o Sie lachen ſebſt, und wollen mich doch glauben machen — ich würde hier vergebens suchen; (mit Laune) wäre ich nur berechtiget, so eine kleine Hausvisitation zu halten.

Hauptmann. Darauf, Hannchen! darauf könnte sie es . . . . .

Hannchen. Nun gut, Herr Hauptmann! etwas Freiheit giebt mir mein Geschlecht und Stand, und da es in Ihrer Gegenwart geschieht, so fällt das Unanständige ganz hinweg — (erblickt die Uniforme auf einem Sessel hangen) hier zum Beispiel hängt Ihre Uniforme . . . . dörfte ich, oder wollen Sie die Taschen ein wenig . . .

Hauptmann. O Ja! (nimmt die Uniforme in beide Hände, und hält sie ihr vor) hier durchsuche sie alles, so sicher weiß ich mich.

Hannchen (vor sich) Wäre es nicht so ganz gewiß, seine Gleichgültigkeit könnte mich bereden, er habe Recht — (schlägt an die Taschen) Herr Hauptmann (sieht ihn lächelnd an) Herr Hauptmann! (greift in die Tasche) noch bestünden Sie darauf? daß ich vergebens suche — und das ohne sich zu entfärben?

Hauptmann. Liebes Kind! ich weiß doch, was ich gestern that.

Hannchen. Also! (indem sie den Pantofel hervor zieht) wissen Sie auch, wie dieser daher kommt?

Hauptmann. Hannchen! (die Uniforme fällt ihm aus der Hand) Sophiens Pantofel — O laß mir ihn, liebes Hannchen!

Hannchen. Gemach, Herr Hauptmann! gemach; nun ich aber unsern Pantofel wieder habe — will ich Sie auch zum Frühstück bitten — säumen Sie aber ja nicht, sonst kommt wieder andere Gesellschaft, und das ist Ihnen ohnehin nie so ganz recht — Ihre Dienerin, Herr Hauptmann. (ab)

Vierter Auftritt.
Hauptmann, nachher eine Ordonnanz und Hof.

Hauptmann. Gehe ich zu Sophien, oder gehe ich nicht zu ihr — Liebt sie den Obristen oder mich? — O Mädchen geschaffen für die Umarmung eines höhern Wesens! warum muß mein Herz in dem polternden Zweifel schweben? Wen du liebst — wen sie liebt! .... O den Obristen liebt sie; alles, alles, sagt es mir — und ich zu ihr noch gehen — Aber wenn ich mir ihr gestriges gute Nacht Herr Hauptmann! wieder denke — tief noch in meiner Seele fühle, wie ihr liebes schwarzes Auge sich überwölkte, wie züchtige Röthe die Unschuld ihres Herzens auf ihre Wange mahlte. — O Sophie, Sophie! was könntest du aus mir machen? O ich bin meiner nicht mehr mächtig — Ich will, ich muß ihn wagen den grossen entscheidenden Schritt... und der Pantofel.... Hof.... das that sie doch gewiß dem Obristen noch nie... Hof, Hof....

Hof (von innen) Gleich!

Hauptmann. Wer steht mir Glücklichen zur Seite? Hof... Hof.

Hof (von innen) Den Augenblick... so komm doch.

Hauptmann (lauft gegen die Thür) Wo bleibst du wieder? willst du mich rasend machen?

Hof (nebst einer Ordonnanz) Hier des Herrn Generals Ordonnanz — der Kerl war so im Diensteifer, daß er den mittlern Absaz in der Treppe nicht gewahr ward, die Helfte also hinauf fiele. — daher der Aufenthalt.

Ordonnanz. Vor der Parade sollen der Herr Hauptmann in des Herrn Generals Quartier seyn.

Hauptmann. Gut. (Ordonnanz ab) Geschwind Hof! gieb Stiefel und Uniforme her — (zieht sich eilend an) Wenn mich nur der General nicht zu lang aufhält — dann aber welcher Augenblick wartet meiner.... und doch wenn ich wieder bei ihr bin, kann ich nichts sagen — stunde ich ja schon wie ein Missethäter vor Hannchen — Aber diesesmal gewiß. (ab)

Hof (sieht ihm nach) So bald kömmst du auch nicht wieder — will ich indessen nach meinen Pferden sehen, und mich selbst auf jeden Dienst richten, der kommen kann; den Abend wirds wegen des Bals ohnehin zu laufen genug geben. (ab)

Fünfter Auftritt.

Voriges Zimmer in Sophiens Wohnung.

Sophie. Hannchen und Doran.

Hannchen. Wie gesagt, der fatale General verdirbt uns den ganzen Handel durch seine Erscheinung.

Sophie. Sei ruhig, vielleicht ist Doran glücklicher?

Hannchen. Das heißt geschickter... aha, da kömmt er selbst, und zum Beweiß seines bessern Glückes Solo Mamselle (Doran tritt ein)

Sophie. Warum allein?

Doran. Als ich eben aus dem Hause des Generals gehe, kommt Pfalzbach — tausend

Excuses zu Haus sagte er. Des Generals Gegenwart verhinderte mich, ihm zu antworten, ich gab ihm also durch ein bedeutendes Kopfnicken zu verstehen: ich chargire mich mit seinem Auftrage.

Sophie. Im Grunde schadet das nichts — Ists doch ohnehin gleich eilf Uhr, und da habe ich Probe und er Parade. Ich hätte also doch nicht Zeit genug gehabt, ihn mit Muse zu prüfen — Aber auf Leib und Seele, Ehre und Gewissen gebe ich dir es jezt, Doran! daß du mir ihn auf den Nachmittag hieher schaffest, es koste was es wolle . . . . . Beim Toilette haben wir Mädchens immer etwas zum voraus, das unsern Triumph beschleunigen hilft — Also liefere mir ihn nur hieher —

Doran. Mais par Dieu . . . ich verstehe das Contrepoint.

Sophie (sieht nach der Uhr) Nun ist es Zeit: zur Probe führst du mich doch bei der Parade vorüber — vielleicht sehen wir ihn — Hannchen bitte meine Schwester, gegen ein Uhr mit dem Essen sich zu richten. (ab mit Doran durch den Hintergrund, Hannchen aber durch die Seitenthüre)

Zweiter Aufzug.

Erster Auftritt.

Voriges Zimmer des Hauptmanns.

Hof (richtet das Zimmer in Ordnung) So lang glaubte ich doch nicht, daß mein Herr ausbleiben würde — pah, was wunderts mich! der Teufel hat ihn halt wieder bei den eiteln Vetteln — Gut kann das unmöglich mehr lange thun.

Der Hofrath (tritt auf) Hof, ist mein Bruder schon ausgegangen? und wohin?

Hof. Zum Herrn General wurde er durch eine Ordonnanz gerufen — es ist aber schon sehr lange — und ich fürchte, er ist wieder sonst wohin — Sie verstehen mich doch?

Hofrath. Hof! ihm, scheint es, gefällt diese Bekanntschaft meines Bruders auch nicht?

Hof. Ich wollte bei meiner Seele, mein Herr hätte eher ein Bein gebrochen, als er in dieses Rackerhaus gekommen, der Schaden wäre noch zu ersezen .... aber so geht Leib und Seel verlohren.

Hofrath. Je lieber Hof! hat denn mein Bruder Schulden? wenigstens hat meine Mutter und ich noch nichts erfahren können.

Hof. Glaub's wohl, mein Herr wird Niemanden, als sich selbst schuldig seyn.

Hofrath. Wie das, sich selbst?

Hof. Er hat ja die Regiments-Kasse in Händen.

Hofrath. Mein Bruder wird sich doch nicht erfrechen, fremde Gelder anzugreifen.

Hof. Ey, ey! wer einmal in den Klauen von so Weibern ist, wie mein Herr da — der muß verlohren seyn.... Recht herzlich wünschte ich, gelogen zu haben.

Hofrath. Je lieber Hof! woher vermuthet er aber?

Hof. Sehen Sie, Herr Hofrath! gegen 37 Jahr diene ich jezt schon, habe manchen sauern Zug gethan, aber auch dafür hie und da etwas gelernet, war anfangs Tambour, bekam nachher das Gewehr, und habe seither mehr Herren Offiziers aufgepaßt — war bei manchem, der reich von Hause war, auch bei andern wieder, die mit ihrer Gage sich durchschleppen mußten, da siehet man doch immer so allgemach ein, wie so Herren leben können und müssen — Glauben Sie, Herr Hofrath! unser einer macht auch seine Glossen, und in den Tag hinein schwazt der alte Hof nicht, noch weniger will er aber für einen Wohldiener angesehen seyn.

Hofrath. Keinen Eifer! er kann sich leicht

vorstellen, Hof! daß mir nichts angelegner seyn wird, als meinen Bruder von dieser Bekanntschaft abzubringen, und vor Schaden und Schande thätig zu warnen — aufrichtig also, lieber Hof! weiß er etwas, das dem Glück meines Bruders in der Folge nachtheilig seyn könnte, so sag er mir es; ich bin Mann, und kann schweigen —

Hof. Schweigen oder nicht schweigen, das steht bei Ihnen; wenn ich meinem Herrn dienen kann, so ist es meine Schuldigkeit — Also gerade heraus — Mein Herr bezahlt die Freundschaft des Herrn Obristen auch zu theuer —

Hofrath. Wie das, Hof!

Hof. Es vergeht ja keine Woche, wo nicht wenigstens ein Fletterwisch kommt, und der Bediente Geld abholet, das kann kein gutes Ende nehmen — Auch klagt mein Herr sehr darüber — es war vorgestern, da kam der Bediente wieder — Ich stand im Schlafzimmer — Er wußte das nicht, und als der Bediente fort wäre, und er allein zu seyn glaubte, sagte er: Ach Gott! wenn das alles nur nicht auf mir liegen bleibt.

Hofrath. Das wäre ja entsezlich; doch wenn mein Bruder seinem Obristen Geld giebt, so wird das ihm nicht schaden können?

Hof. Ihm nicht schaden können? Ey wem ist die Kasse dann übergeben? dem Herrn Obristen, oder meinem Herrn? Wenn so was bei dem Hofkriegsrath nur ruchbar wird, so muß Ihr Herr Bruder vorderfamst bezahlen, und noch obendrauf auf ein Bergschloß —

Hofrath. Dermalen könnte sich alles am besten aufklären, weil euer Herr General hier ist. Hoffen wir indessen das Veste — Sehe er doch zu, lieber Hof! ob mein Bruder wieder bei Sophien ist? ich will mit meiner Mutter über alles sprechen, dort erwarte ich ihn. (ab)

Hof. O könnte ich ihm den Weg dahin nur abgraben. (ab)

Zweiter Auftritt.

Minnchens Zimmer.

Minnchen (richtet an einem Huth noch einige Federn) Auch du wärest nun fertig. (legt ihn bei Seite) Armes Mädgen! wird dein Fleiß dir auch etwas nuzen? werde ich nur einigen Eindruck auf den Mann machen? der die Wahl meines Herzens entschieden hat — Freilich sollte ich ihn nicht lieben; . . . . . sollte nicht? O warum ist doch Liebe so sehr über unserer Gewalt — Ich Elende weiß, daß Wilhelm mich nicht liebt — weiß mehr, weiß, daß er sein Theatermädchen liebt; und doch schweigt mein gekränktes Herz, meine beleidigte Eigenliebe schweigt, wenn ich ihn nur sehe, nur an ihn denke — und wann denke ich nicht an ihn? (nimmt den Huth wieder in die Hand)

Frau von Bedorf (tritt auf) Wie? jezt schon auf den Abend gesorgt.

Minnchen. Es war mehr Langeweile als Puzsucht, mehr um mich zu zerstreuen, damit ich doch heiter bei Tische erscheinen möchte —

Frau von Bedorf. Wo fehlt es, Minnchen! haben auch Sie trübe Augenblicke? freilich, wo ist der Mensch, der keine hätte?

Minnchen. O meine Beste! wie kann ich nur den Tod meiner Mutter vergessen?..... durch unseligen Familienhaß von dem Gegenstand ihrer Liebe getrennet — Gemartert bis zum lezten Moment ihres Lebens von meinem Vater.... Gott verzeihe....... O meine Freundin! noch fühle ich die Abschiedsthräne dieser Heiligen auf meinen Wangen glühen, als sie mich ihrem Mutterarme entrisse, meiner Tante übergab, und taub und stumm bei den Thränen ihres Kindes, auf die heissseste Beschwörungen meiner Tante keine Antwort hatte, als:

Nimm mein Kind, Schwester! und sei Mutter; ich bin gebunden durch Gottes Wort an meinen Mann; ich muß bleiben.

Frau von Bedorf. Mein guter Engel führte mich hieher, durch dieses Beispiel Ermunterung meinem Herzen zu schenken — Gott! ich fühle es, will mich durch Sie stärken.

Minnchen (erschrocken) Ermunterung? stärken? O sollten Sie.....

Frau von Bedorf. Ja Minnchen! ja! — der tollkühnsten Unart meines Mannes preiß gegeben, kämpfe ich jezt über drei volle Jahre schon gegen all die Begegnungen, die Trunk= Spiel=und Eifersucht mir zuziehen, und habe Niemanden, dem ich sagen dörfte: Mein Herz blutet..... Aber es ist zu voll — O Minnchen! der Gleichschlag unserer Seelen giebt mir Muth ..... und eine Thräne in den Schoos einer Freundin geweint, das erstemal geweint, ist siedenden Wunden kühlender Balsam — Nur im Arm eines Freundes können wir dem Ent= schluß treu bleiben. Ohne Murren will ich die= sen schweren Kampf ausdulten. (legt ihren Kopf in Minnchens Arm)

Minnchen. Heiliger Gott! ist es möglich? und die Mama.

Frau von Bedorf. An meiner Stelle würden Sie es eben so, wie ich, verschwiegen haben — Ich kenne das Herz meiner Mutter für ihre Kinder; nie, nie müsse sie nur vermuthen dörfen, daß ich leide — und jezt noch weniger — O Minnchen! ich fürchte, es giebt Nachfrage wegen Wilhelms Kaſſe.

Minnchen. Armer Wilhelm! da kömmt sie —

Dritter Auftritt.
Frau von Pfalzbach, die Vorigen.

Frau von Pfalzbach. Laſſet mich doch bei euch bleiben, meine Kinder! (beide küſſen ihr die Hände) Kaum kann ich den Hofrath erwarten, den ich zum General ſchickte — O Wilhelm, was werde ich an dir noch erleben müſſen —

Minnchen. Verdammen Sie ihn nicht, bedenken Sie, daß ſein gutes Herz gar leicht das Opfer eines ſchlauen Weibes werden konnte, laſſen Sie ihn erwachen, ſehen das Elend, an deſſen Rand er ſtande . . . . . fühlen, daß nur eine Mutter, wie Sie, ihn retten konnte — und

Frau von Pfalzbach. Schmeichle mir nicht mit Bildern heiterer Zukunft, Minnchen! O wer weiß, welche Wendung dies alles noch nehmen wird —

Frau von Bedorf. Aber bei solch gefähr=
licher Bekanntschaft, warum suchte man nicht,
ihn von hier zu entfernen?

Frau von Pfalzbach. So, liebe Frenzel!
dachte ich auch; aber dann sagte ich mir auch
wieder: glaubst du daß er Gefahren und Ver=
führung, und wo sind diese nicht, ohne deine
mütterliche Ermahnungen entfernt von den vä=
terlichen Warnungen seines Bruders besser aus=
weichen wird ... oder darf eine Mutter, die je=
des ihrer Kinder nicht weniger als alle zu=
sammen liebt, kein Vorrecht auf ihr Herz hoffen?

Frau von Bedorf. Welche Mutter gegrün=
deter, als Sie? o könnte ich doch ewig so
an ihrer Seite hangen? wie viel froher Stun=
den für mein Herz.

Frau von Pfälzbach. Bedenke die Folgen
selbst, Frenzel! die des Prinzen Liebe für dich
hätte nach sich ziehen können — In solchen Fäl=
len ist es nicht genug, wenn ein Mädchen recht=
schaffen im Stillen handelt — Auch die Stimme
des Publikums muß sie mit diesem Beinamen
krönen.

Frau von Bedorf. Ach! ohne diesen un=
glücklichen Auftritt wäre ich jezt in den Armen
meiner Mutter.

Frau von Pfalzbach. Keine Empfindelei, meine Tochter! hätteſt du auch Bedorfen nicht gewählt, wie lange würdeſt du bei mir noch geblieben ſeyn? Formt euch, meine Lieben! Formt euch gewiſſe Vorbegriffe von euren Grundpflichten, — und habt Stärke genug, nicht zu ſeufzen, ſo lang ihr dieſen treu geblieben.... ſtill, ich höre..... wenns doch der Hofrath wäre (geht unter die Thüre) Ich glaube ja.... Karl! Karl!

Vierter Auftritt.

Der Hofrath, die Vorigen.

Frau von Pfalzbach. Welche Neuigkeit, nur kurz, Karl!

Hofrath. Der Receß erträgt 1800 Thaler.

Frau von Pfalzbach. Woher weißt du das ſo beſtimmt ſchon?

Hofrath. Ich fand den General allein, entdeckte ihm unſere Furcht, bath um Hülfe, und ſahe in ihm noch den alten biedern Freund meines Vaters — Beſſer hätte ich auch den Zeitpunkt nicht wählen können, denn mein Bruder war ſo eben mit dem Major des Regiments wegen Monturs-Requiſiten in einem Nebenkabinet beſchäf-

beschäftiget — der General rief ihn, er kam....
Wie stehts mit der Kasse? fragte der General.

Minnchen. (für sich) O Gott! seine Angst.

Der Hofrath. Ohne Farbe und Sprache stand Wilhelm.

Frau von Bedorf. Ein erschrecklicher Augenblick für ihn —

Hofrath. Ich wurde gerühret — reichte ihm die Hand.....rede Bruder! aufrichtig.... du kannst die Absicht leicht errathen, die mich hieher brachte.

Frau von Pfalzbach. Und Wilhelm?

Hofrath. Faßte auf wiederholte Versicherung des Generals, daß geholfen würde, Muth, ...1800 Thaler fehlen, war alles, was er sagen konnte — Der General entließ ihn, ohne ein Wort zu sagen, und mit einem Blick, der wahres Mitleid verrieth — und wir sezten drei Terminen, jeden zu 600 Thaler fest, wobei ich zugleich um Versezung meines Bruders zu einem andern Regiment bat.

Frau von Pfalzbach. Wo ist aber Wilhelm?

Hofrath. Meine erste Sorge waren Sie, Mama, jezt Wilhelm.

Frau von Pfalzbach. O lieber Karl! Er braucht Trost und Ermannung — ich fürchte

seine erste Betäubung, suche und bringe ihn hieher —

Hofrath. Ohne Sorgen, beste Mutter! ich
hoffe ihn bald zu finden. (ab)

Minnchen. Nun sehen Sie doch, meine
Tante! daß das Unglück nicht so groß ist, als
wir glaubten —

Frau von Pfalzbach. Nicht das Geld
schmerzet mich, aber warum hat Wilhelm dieses Geständniß nicht mir gethan?

Frau von Bedorf. Vielleicht giebt es auch
hier noch Entschuldigung, wenn der Hofrath die
Sache ganz wird eingesehen haben —

Frau von Pfalzbach. Ich danke euch, meine Lieben! Ihr wollt mich trösten — bleibt hier
zusammen, bis der Hofrath zurücke kommt —
ich habe Geschäfte mit dem Wiedertäufer von unserm Hof — und will den braven Mann nicht
länger warten lassen — (ab)

Minnchen. O ich bin ganz froh, daß Wilhelms Geschichte diese Wendung nimmt, jezt
wird er doch einsehen, wie nahe er seinem Verderben war, und wer ihn dahin gebracht —

Frau von Bedorf. Sie hoffen viel zu Wilhelms Herz; mir, ich gestehe es Ihnen frei,
mir schauert immer noch für den Folgen dieses

Auftrittes — Wenn sein Theatermädchen das
ist, wie man sie mir geschildert, schlau und entschlossen; so ist Wilhelms Roman noch lange
nicht am Ende — Wie leicht ist es jezt, da er
gereizt ist, daß das Mädchen durch einen Mei-
sterzug ihre Herrschaft über sein Herz eben dadurch befestiget, wodurch wir ihn auf ewig von
ihr zu trennen hoften — der heutige Bal — diese öffentliche Pläze sind äusserst gefährlich, und
ich wünschte, wir suchten Wilhelmen davon ab-
zuhalten.

Minchen. Nein, nur das nicht, Wilhelm
würde es sicher als ein Zeichen eines offenba-
ren Mißtrauens aufnehmen.

Frau von Bedorf. Giebt es denn keinen
Vorwand.

Minnchen. Das noch weniger, Liebe! ehe
dieses Opfer geradezu von ihm verlangt —

Fünfter Auftritt.

Herr von Bedorf. Die Vorigen.

Herr von Bedorf. Verzeihen Sie, Fräulein! ich suche meine Frau schon im ganzen Hause, ihr zu sagen, daß ein Fremder mit einem
Brief sie erwartet.

Frau von Bedorf. Mich?

Herr von Bedorf. So befremdend? vielleicht weniger befremdend, wenn ich sage, daß es ein Offizier ist —

Minnchen. Ein Offizier? das gilt ihrem Bruder; o eilen Sie, meine Beste.

Herr von Bedorf. Und wenn ich recht nachdenke, ist er gar vom Gefolge des Prinzen.

Frau von Bedorf. Warum nahmest du aber den Brief nicht selbst ab — Geheimnisse habe ich keine vor dir; diese Gerechtigkeit wirst du mir —

Herr von Bedorf. O Allerliebst... allerdings.... Warum ich aber den Brief nicht selbst annahm, ist, weil ich dem Offizier mit Fleiß ausgewichen, und das alles unter der Hand blos erfahren.

Frau von Bedorf. Wenn du aber den Offizier nicht selbst gesehen hast?

Herr von Bedorf. Nicht gesehen? rede deutlicher, nicht sehen wollte — ihn, den Niederträchtigen, der die Uniforme zum Deckmantel der Kupelei herabwürdiget —

Frau von Bedorf. Deckmantel von Kupelei.... o heiliger Gott, bin ich noch nicht gedemüthiget genug (weint, und wendet sich hinweg)

Minnchen. Herr von Bedorf! Sie beleidigen fürchterlich — So will ich dann Rechenschaft von diesem Brief nehmen und geben (will fort)

Frau von Bedorf (hält sie an) Nein, meine Freundin! das bürgt mir nicht für die Zukunft — Nehmen Sie den Brief nicht anders, als in meines Mannes Gegenwart an — oder noch besser, geben Sie ihn ununterbrochen in meines Mannes Hände — Ich will ein für allemal davon nichts wissen, noch weniger den Offizier sprechen —

Minnchen. Weniger können Sie doch jezt nicht thun; und Aufklärung in dieser Sache sind Sie sich selbst, und noch mehr Ihrer Gemahlin schuldig — kommen Sie, wenn Sie sehen wollen — Sie aber, beste Freundin! gehen Sie auf Ihr Zimmer, Ihre Thränen vor den Augen der Mama zu verbergen (ab mit Herrn von Bedorf)

Frau von Bedorf. O Gott! dir opfere ich jede meiner Qualen — Noch hast du keinen Wurm zum Unglück erschaffen (ab)

Sechster Auftritt.
Zimmer der Frau von Pfalzbach.

Frau von Pfalzbach, der Hofrath, der Hauptmann.

Frau von Pfalzbach. Warum weichest du deiner Mutter aus, Wilhelm!

Hauptmann. Wer fehlt, wird schüchtern —

Frau von Pfalzbach. Kindliche Reue macht vieles bei einer Mutter vergessen — Hast du vielleicht dem General nicht alles gesagt? wir sind allein . . . . sage mir, lieber Wilhelm! ist dein Receß grösser? Hast du noch andere Schulden?

Hauptmann. Keines von beiden — Vors erste sind es bei der Kasse nicht gar 1800 Thaler, und Schulden habe ich keinen Heller, als einen einzigen Conto von wenigen Gulden, den ich aber erst diesen Morgen erhalten —

Hofrath. Auf Befehl der Mama habe ich für deinen Receß gut gesprochen, Bruder! du wirst also selbst ermessen, daß ich all deine Papiere einsehen muß, um über die Richtigkeit jedes Postens entscheiden zu können —

Hauptmann. Wozu das weitere Nachgrübeln — Wenn ich 1800 Thaler habe, liefere ich die Kasse an das Regiment, und so viel bin ich schuldig.

Hofrath. Nach deinem Geständniß fehlen dir 1800 Thaler, nun folgt natürlich die zweite Frage, ob dir von einer andern Seite nicht wieder etwas zu gute kommt, das also in dem Hauptertrag deines Recesses dir nicht angerechnet werden darf, denn sonst müßtest du oder die Mama die Schulden anderer bezahlen —

Siebenter Auftritt.
Minnchen. Die Vorigen.

Minnchen (unter der Thür zu Hrn. von Bedorf) Herr von Bedorf! Herr von Bedorf! mäßigen Sie sich, Sie stöhren die Ruhe eines würdigen Hauses —

Herr von Bedorf (stößt sie zurück) Nun weiß ich endlich, warum meine Frau die ihr noch gebührende 6000 Thaler nicht erhielte — damit der Herr Hauptmann sein Theatermädchen unterhalten konnte.

Frau von Pfalzbach. Mit keinem meiner Kinder (hält ihre beide Söhne zurück) mit mir müssen Sie sprechen, Herr von Bedorf! denn nach Ihrem Betragen zu urtheilen, würde es Ihnen leid seyn, wenn ich Sie als Sohn behandeln wollte — (Bedorf nimmt seinen Huth ab, und trocknet sich die Stirne) Meine Antwort also auf Ihren

Vorwurf ist Ihr eigner Ehekontrakt, und da der
Prozeß mit der Thalmayerischen Familie noch
nicht geendiget ist, als auf welchen Fall allein die
weitere 6000 Thaler von mir versprochen worden,
so würde ich auch diese Erklärung an Sie nicht
mehr verschwendet haben, käme nicht das Schicksal
meiner armen Tochter in zu manchen Betracht
hier — Woher nur diese Aufwallung?

Minnchen (reißt Bedorfen einen Brief aus der
Hand) Woher? hier sehen Sie selbst alles; diesen Brief schrieb Wilhelm seiner Schwester, ein
Offizier sollte ihn ihr einhändigen.... Herr
von Bedorf hört so etwas von einem Offizier,
einem Brief an seine Frau — der Gedanke an
des Prinzen Liebe erwacht in ihm, und das alles
recht wahrscheinlich sich zu machen, muß dieser
Offizier, den er zwar mit keinem Auge gesehen,
vom Gefolge des Prinzen seyn, nun fürchtet er
Beleidigung, kömmt in Raserei, macht seiner
Frau die niedrigsten Vorwürfe, und da er keine Gelegenheit hat, seine Wuth an seiner Frau
auslassen zu können, wirft er der Mama und
Wilhelmen das Ganze zu Last —

Hauptmann. Elender Mann!

Frau von Pfalzbach. Ein gutes, edles
biederes Weib gab ich Ihnen in —

Herr von Bedorf. Zu Bußpredigen und Balgereien bin ich nicht aufgelegt, und Postpferde giebt es hier auch noch — also Ihr Diener (ab)

Minnchen. Wie wird es dem armen Weib ergehen? Bei Gott und allen Heiligen beschwöre ich Sie... hier Hülfe, sonst ist sie den elendesten Begegnungen ausgesezt —

Frau von Pfalzbach. In welchen Jammer hab ich mein Kind gestürzet.... doch nicht geseufzet.... was ich that, war Pflicht; was jezt geschieht, kommt von oben, und führet sicher zu Glück.

Hofrath. Es giebt noch Mittel, meine Mutter! ihn zu besänftigen, man muß der feilen Seele Gold zeigen — das reizt und würkt ohnfehlbar — Ich will einen Versuch wagen.

Frau von Pfalzbach. Nein, Karl! ich will mit ihm sprechen, ich bin Mutter, muß mit meinem Kinde leiden, das ist meine Pflicht — komm Minnchen mit mir. (ab mit Minnchen)

Hofrath. Komm, Wilhelm! wir wollen unsere Mutter und Schwester von ferne begleiten.

Hauptmann. Wehe dem Rasenden, wenn er Mißhandlungen wagte — (beide ab)

Dritter Aufzug.

Erster Auftritt.

Voriges Zimmer der Frau von Pfalzbach.

**Frau von Pfalzbach. Der Hofrath.
Der Hauptmann.**

Frau von Pfalzbach. Noch einmal bitte ich dich, Wilhelm! beleidige deinen Bruder nicht durch deine Zurückhaltung.

Hofrath. Wenn ich nicht schon wüßte, daß der Vorschuß, den du deinem Obristen gemacht, deinen Receß sehr vergrössere —

Hauptmann (schnell) Wer sagt dir?

Frau von Pfalzbach. Keine Hize, Wilhelm! dein Bruder hat väterlich an dir gehandelt, und verdient keinen Undank.

Hofrath. Leugne, wenn du kannst, daß dein Obrist Geld von dir empfangen —

Hauptmann. Nun, er hat empfangen —

Frau von Pfalzbach. Und das, was dahin kam, erseze ich nicht; für Kinder, die fehlen, hat eine rechtschaffene Mutter Nachgiebigkeit — aber hartherzige Unbiegsamkeit verdient sicher kein mütterliches Erbarmen — Hievon also Karl augenblicklich dem General und dem Hof selbst die Anzeige gemacht — Ich habe mehrere Kinder, Wilhelm! und bin gegen jedes zu schuldiger Rechenschaft über ein Vermögen stündlich bereit, das euer Vater mir hinterließ.

Hofrath. Bedenke Bruder! hat wohl die Mama bei dem beträchtlichen Verlust und wahren Schmerzen, den du ihr verursachtest, dich eines Versehens auch nur beschuldiget? Sie verzeihet; und jezt, da sie dich an ihre Pflichten, an ihre eigene Ehre erinnert, jezt trittst du zurück —

Frau von Pfalzbach. Von dir hangt es jezt ab, Wilhelm! ob es mich reuen muß, dir verziehen zu haben —

Hauptmann. Was Sie wollen, meine Mutter! will ich thun.

Frau von Pfalzbach. Das sagte mir mein Herz voraus —

Hauptmann. Nur erlauben Sie, daß ich den Obristen hierüber erst freundschaftlich sprechen darf —

Frau von Pfalzbach. Ja, Wilhelm! — aber zögere nicht, damit wir alle, und du am ersten, aus diesem Verdruß kommen.

Hauptmann. Den Augenblick, o ich fühle es, daß ich Sie unglücklich gemacht habe, meine Mutter! auch du verzeihe, Bruder! (ab)

Frau von Pfalzbach (sieht ihm nach) Mit diesem hoffe ich bald in Ruhe zu seyn. Wäre Bedorf nur zu Hause.

Hofrath. Ein böses Herz, tückisch und unverschämt; am Ende giebts doch noch Trennung. Er sprach davon —

Frau von Pfalzbach. Dafür seie Gott. Nur das nicht, Karl! komm, wir wollen alles anwenden, diesem Unglück vorzubeugen (beide ab)

Zweiter Auftritt.
Sophiens Zimmer.
Sophie. Therese. Doran. Hannchen.

Sophie. Pfalzbach kömmt noch nicht — vielleicht nie mehr? nie mehr? und eine andere ... O eher in eine Kutte kriechen, als ihn in den Armen einer andern sehen. Nein, guter Junge! hier ist dein Weib — und Hannchen? bleibt Sie nicht aus, als liefe sie der Ewigkeit das Ziel ab — Auch Doran scheint mich zu verlassen — Allein also muß ich streiten — Wenn ich mich entfernte — (hier tritt Therese im Hintergrund auf) das ist nicht rasch genug — Ich muß ein kürzeres krelleres Mittel haben — Ja einen herausforderungsbrief in Dorans Namen (will abgehen)

Therese (hält sie zurück) Ey sieh doch in meines Mannes Namen — Wie klug? weil du keinen Mann hast, soll der meinige auch todt gestochen werden —

Sophie. Wo du bist, kann kein gesundes Wort zur Welt kommen. Wer will dann Ernst haben — Wer verhindert mich dann, von ganz ungefehr dazu zu kommen, die beiden Kämpfer zu vereinigen, und die glücklichste Gelegenheit die es nur geben kann, zu benuzen — meine drangvolle Zärtlichkeit für den lieben Flüchtling mit weiblichem Anstand zeigen, manch zerrissenes Fädchen an seinem Herzen wieder anspinnen, und den armen Teufel zwischen wollen und nicht wollen hieher zu schleppen.

Hannchen (kommt eiligst) Nun ist nichts mehr zu machen — der Hauptmann ist nicht zu Hause, erfahren aber habe ich, daß er bei seinem Obristen seyn soll —

Sophie. Desto besser; (lauft gegen die Seitenthüre) Doran! .... Doran! (kommt zurück) und dir Hannchen! sage mir um aller Welt willen, wo war dein Kopf? und dir fiel es nicht einmal ein, in die Gegend an des Obristen Haus auf Späh und Kundschaft dich zu legen — bald möchte ich mich meiner selbst schämen, daß ich mich an dir so erbärmlich vergriffen — (mit äusserster Verachtung) Geh, geh . . . . du, auf die ich, wie auf mein Aug zählte — (lauft wider gegen die Seitenthür) Doran . . . . o der schläft . . . Doran! (Hannchen steht einige Zeit in Gedanken, und geht auf einmal eiligst ab)

Doran (von innen) Dans le moment je m'habille.

Sophie. Mit deinem je m'habille zum Teufel ein andermal . . . öfne nur die Thüre — das ist ja um rasend zu werden . . . . . (kömmt zurück) und doch muß es durchgesezet seyn . . . Aber dann soll auch Pfalzbachs Familie fühlen, wen sie verstossen wollte — bin ich nur einmal im Haus, dann will ich sie schon auf eine so liebvolle Weise hinter einander hezen, daß mich dieser Anblick für alles überstandene im reichhaltigsten Genuß belohnen soll.

Therese. Schwester, Schwester! so sahe, so glaubte ich dich noch nie —

Sophie. Nur ein Gedanke von dem, was ich seyn kann, wenn man mich zwingt. (geht gegen die Seitenthüre, und als Doran heraus will, geht sie mit ihm zurück in das Kabinet.

Therese. Das ist also meine Schwester? was werde ich noch alles an dem Mädchen erleben müssen! Ist es doch gewiß schon Verantwortung, daß ich zu all diesen Spizbübereien schweige, und gar leide, daß mein Mann hierzu sich gebrauchen läßt. (Sophie und Doran kommen aus dem Seitenkabinet, Doran eiligst ab durch die Thür im Hintergrund)

Therese. Ach Gott! das kann unmöglich gut thun, liebe Schwester! glaube und folge mir, traue nicht bloß auf deinen Verstand, fange alles, was du thun willst, mit Gott an — und dann denk ... des Himmels Fluch liegt auf solchen Betrügereien, wie du —

Sophie. Albernes Geschwäz! Betrügerei ist es doch wohl nicht? daß ich heirathen will —

Therese. Ja heirathen, Schwester! und heirathen —

Sophie. Freilich, wenn ich den Soufleur heirathen wollte, so würde ich dich um deine Protection bitten — Aber, um Pfalzbachen zu bekommen, darf ich nicht anders handeln —

Therese. Mein sage doch! wo steht es dann geschrieben, daß du deinen Nebenmenschen in Verdruß und Unglück bringen darfst, um glücklicher zu werden?

Sophie. Wie ist es dann? wenn ich dich frage, wo geschrieben stehe, daß Pfalzbachs Familie mich verstoßen darf, weil ich kein Fräulein bin — trug mir nicht Pfalzbach seine Hand an, habe ich also nicht ein gegründetes Recht auf das, was mein, durch freiwilligen Antrag mein wurde — Wer in aller Welt kann nur so blind, so dummblind seyn, und nicht einsehen müssen, daß alle Schuld und Verbrechen auf Pfalzbachs Familie zurück fällt, die bloß aus Stolz oder Geiz sich mir widersezet — Glaube mir, Therese! wer eine so gerechte Sache hat, als meine Heirath mit Pfalzbachen ist, der braucht in Auswahl seines Benehmens nicht so engbrüstig zu seyn; aber lasse mich nur erst Frau von Pfalzbach werden, den Stolz dieser Familie ein wenig gedemüthiget haben, dann sollst du, dein Beichtvater und sein ganzes Convent ein flottes Te Deum singen, wie ich leben werde.

Therese. Daß Gott sich erbarme! hast du dann nicht vielmehr alle äusserste Prostitution zu befürchten, denke, der Obrist und seine Familie —

Sophie. Auch dafür ist schon gesorget — Für's erste würde der ganze hohe Adel sich schämen müssen, wenn sie in äusserstem Fall Bewegung machen wollten. Hierüber ist man in der grosen Welt weit hinaus, und wegen dem Obristen

sten ist mir noch weniger bange — Auch als Frau von Pfalzbach zähle ich ihn nicht los; es ist so was leichtes für ein Weib in meinen Jahren, die sich darf sehen und hören lassen, ohne sich im geringsten zu nahe zu tretten, einen Freund, wie es der Obrist mir ist, zu erhalten — Leben muß man doch erst, um lieben zu können —

Therese. Nun ist es Zeit, daß ich gehe, sonst müßte ich bald wünschen, vergessen zu können, daß wir Schwestern sind. (ab)

Sophie. (sieht ihr nach) Nur nicht zu schnell, Schwester! wenn ich glücklicher einst werde, erinnerst du dich dessen doch, und mit mehr Vergnügen — Indessen muß ich das Weib ihrer Gewisselei wegen schonen — Freilich könnte da ihr Beichtvater den besten Vermittler machen, und unsere heutige Mönche sind nicht mehr so gespannt, wie bei Eroberung von Peru und Mexico — Ein Versuch also — (will gehen, ihr kömmt aber)

Dritter Auftritt.

Hannchen entgegen. **Sophie** hernach **Doran.**

Sophie (hart) Was willst du?

Hannchen. Ihnen nur sagen, daß ich ein,gebracht, was ich vorhin versäumte — Nun ist alles in Ordnung. Ich habe ihn gesehen, gesprochen. Er kömmt —

Sophie. Wer?

Hannchen. Wie mögen Sie nur fragen wer? Pfalzbach.

Sophie. Pfalzbach kömmt; o daß ich dich zu einer Gräfin machen könnte — doch wenn ich glücklich werde — Aber jezt rede — Wie?

Hannchen. Zu meinem guten Glück stieße mir des Obristen Bedienter unterwegs auf — Wohin Herr Anton? — ah bon jour Mamsell Hannchen — à propos könnte ich seinen Herrn nicht allein jezt sprechen? — b'ſt für jezt weniger, als sonst, Pfalzbach ist bei ihm, und dieser würde sehr unzufrieden seyn, Mamsell Hannchen bei meinem gnädigen Herrn zu sehen—Spaß, Spaß, Herr Anton! doch Adjeu, ich muß weiter—So schlich ich mich um das Eck der Straße herum, wo der Obrist wohnet, und wende ja kein Aug von seinem Quartier; aber Niemand will an's Fenster kommen; auf einmal erblicke ich etwas rothes hinterm Fenster, .. eine Uniforme mit einem kleinen Zöpfchen.

Sophie. O das war Pfalzbach; nicht wahr?

Hannchen. Freilich war er's. Ich huste, räuspere mich, niese, aber vor Teufels Gewalt will niemand mir helf Gott sagen. Um mich also dem Fenster gegen über verweilen zu können, trette ich meinen Schuh aus — Nun hatte ich, wie sichs leicht denken läßt, greulich viel zu schaffen, bis alles wieder in Ordnung war, so, daß Pfalzbach endlich mich erblicken muste —

Sophie. Und da kam er doch gleich?

Hannchen. Nichts weniger — Ich das sehen, und die Kapuz auf die Schultern zurück werfen, war nur ein Gedanke — dann mich zusammen gerafft, und über Hals und Kopf fort — Er rief! — Ich aber immer weiter, ohne auf sein Rufen nur zu achten —

Hannchen. Warum aber fortlaufen, warst du toll?

Hannchen. Nichts weniger als toll, hören Sie nur — Er schaute mir scharf nach — In dieser Straße ist die Hirschapothecke, ich spornstreichs hinein — doch unter der Thüre winkte ich Pfalzbach zu kommen —

Sophie. Und nun?

Hannchen. Pünktlichst kam er, ich sagte ihm so etwas von einer Unpäßlichkeit, vom Theatermedikus, von Medizin Ihrer Mainzer

Baase, Todesfall, Schlagfluß, einer Reise, Testament, Erbschaft, und das alles so hastig, und durch einander, daß Pfalzbach sicher nichts davon verstanden, und ich mich noch wundere, wie ich nur alles in einer so wohlgeordneten Confusion gehörig an den Mann bringen konnte —

Sophie. Und was sagte er?

Hannchen. Er würde augenblicklich hier seyn. Aber entwischt er Ihnen jezt wieder, dann wag ich auf jeden Fall, um welchen Mann in der Welt es gelten sollte, eine Lanze mit Ihnen zu brechen.

Sophie. Nun nicht mehr, müßte sich dann Himmel und Hölle gegen mich verschworen haben — Aber wie, liebes Hannchen, wie erseze ich all deine Freundschaft —

Hannchen (ganz schüchtern) Mit gütiger Gewährung meiner ewigen Bitte. (bittend) O Mamsell! liebe Herzens Mamsell! bin ich dann noch nicht auf ein Theater geeignet? bedenken Sie doch, wie schön ich gestern Pfalzbachen den Pantofel in den Sack prakticiret, und jezt heute wieder diese Rolle — Ach erbarmen Sie sich.

Sophie. Hier, liebes Kind! geht es nicht an, du weißt, kein Prophet in seinem Vaterland —

Hannchen. O sagen Sie das nicht, ich vergesse es ewig nicht, wie Sie mir lezthin selbst sagten, daß manche Kutschers- oder Laquaientochter, die in ihrem Geburtsort aufs Theater gekommen, daselbst recht vortheilhaft sich versorget habe.

Sophie. Glücklich sollst du noch, und glücklicher werden, als das Theater machen kann — Zähle auf mein Wort; unter meiner Protection wirst du gewiß noch einen reichen sächsischen, preußischen oder heßischen Edelmann oder Banquier erbeuten —

Hannchen. Also wollen Sie mich auf ein Theater in Sachsen, Preussen oder Hessen schicken — Nein, liebe Mamsell! dort glaube ich, ist mit dem heirathen für ein ehrliches Mädchen, wie ich bin, nichts zu thun — eher würde ich in Franken, Baiern oder Oesterreich meine Rechnung finden, da halten die Leute noch auf das heilige Sakrament der Ehe —

Doran (kommt hastig) Nun giebts Lermen in der ganzen Welt.

Sophie. Warum? warum?

Doran. Die Kasse ist visitiret, Receß über Receß, Pfalzbach in äusserster Spannung mit seiner Familie, Verdruß, Jammer, Tumult

— der Herr von Bedorf will von seiner Frau geschieden seyn — erzählt alles an den vier Ecken der Stadt — Elend über Elend — Fehlen kann uns jezt nichts mehr, wenn wir nur Athem genug haben, die Gährung zu unterhalten.

Sophie. O Doran! allmählich athme ich leichter; wenn nur Pfalzbachs Familie Schwierigkeiten wegen Abtragung dieses Recesses macht. Geld habe ich ja, und so gewinne ich in den Augen der ganzen Welt. Kommt, kommt, ich nahe mich dem Ziel meiner Wünschen —

Doran. Jezt Schlag auf Schlag — Erwacht Pfalzbach aus seiner Zerrüttung zu früh — so sind wir verlohren — also va banque — komm — (ab mit Sophien)

Hannchen. Aufs Theater, ich? so als Kammermädchen wird man nicht geachtet; alles scherzt und tändelt mit uns — aber nichts Solides, kein Heirathsvorschlag, als allenfalls einer, der höchstens Zöllner oder Thorschreiber zu werden Hofnung hat, und in diese Klasse von Menschen kann ich mich ewig nicht schicken — und unverheirathet ist ein Mädchen doch auch nicht versorgt..... komme ich aber aufs Theater als Actrice, o dann gehts ewig gut ... Man hat Zutritt überall,.... wird geschäzt geliebt auch... wenn man artig, schön und gedreht ist, — und an Wuchs, Auge, Hand, Fuß und Zähne kann ich mich immer gegen meine Mamsell stellen — Jezt etwas mehr ungezwungene Gelenkigkeit noch in jeder Bewegung meines Körpers, und dann — o welch herrliches Leben — So die Hände geküßt zu bekommen! Ich darf an all das nicht denken. (es wird geschellt) Ich komme den Augenblick — und vielleicht gar noch gnädige Frau.... O Hannchen (lauft ganz im Taumel von Freude ab)

Vierter Auftritt.

Voriges Zimmer der Frau von Pfalzbach.

Frau von Pfalzbach, Hofrath, Frau von Bedorf, Minnchen.

Frau von Pfalzbach. Noch keine Nachricht von deinem Mann, liebe Frenzel!

Frau von Bedorf. Beruhigen Sie sich dieserwegen; von Auftritten, wie der heutige, wenn sie nur nicht in Gegenwart anderer geschehen, spreche ich gar nicht mehr — so weit bin ich schon hartschlägig.... Reden wir eher von meinem Bruder, da ist doch noch zu helfen, Sie sehen aus seinem Briefe, wie sehr er fürchtet, man würde seinem Theatermädchen seinen Receß zu Last legen, und vertheidigt sie in Ausdrücken, die nur glühende Liebe eingeben kann.

Frau von Pfalzbach. Schrecklich doch für mich, daß ich Zutrauen und Freundschaft von meinen Kindern nicht verdienen kann — auch du littest und schwiegest gegen mich — doch keinen Vorwurf —

Minnchen. Sie schwiege, ja, aber in der edelsten Absicht, Ihnen den frohen Irrthum nicht zu rauben, als seien Ihre Kinder glücklich —

Frau von Bedorf. Jezt, Mama! glaube ich, ist es Zeit, daß Sie meinen Bruder über den Gegenstand seiner Liebe sprechen, da es bedenklich für ihn und uns in der Folge werden könnte —

Frau von Pfalzbach. Um so bedenklicher, da das Ganze für mich allein Geheimniß bleiben soll —

Hofrath (tritt auf) Erfreuliche Nachricht bringe ich, meine Mutter! Bedorfen fand ich unter den Linden bei dem Kanal — Er war finster, wollte mir ausweichen; unerschrocken griffe ich ihn bei seinem Lieblingsgefühl, Geld zu sammeln, an, hierzu gab mir der vorgeschlagene Vergleich mit der Thalmayerischen Familie erwünschten Vorwand — und es gelang mir, den Mann nach und nach so herab zu stimmen, daß ich ihn endlich auf den Grad von aufthauender Weichherzigkeit sahe, und ihm von dem Verdruß zu reden wagte, den sein hastiger Abschied uns verursacht. Er bekannte seinen Fehler, wollte ihn als Folge seines Temperaments und seiner Liebe für seine Frau entschuldigen, und versprach mir, gleich hier zu seyn.

Frau von Bedorf. Engel des Friedens! komm an meine Brust; o mit welchem Frohlocken wird mein Herz Bedorf verzeihen? kömmt er bald?

Hofrath. Nur einige Bestellungen noch, um welche ihn ein Fremder bat —

Minnchen. Das lohne Ihnen Gottes reichster Seegen.

Frau von Pfalzbach. Nur der kann es — O Frenzel! das wäre ein Augenblick für mich groß, wie der Gedanke an Gottes Barmherzigkeit dem Büsser in seiner lezten Stunde — Geht, meine Kinder! lasset mich mit Karln allein (Frau von Bedorf und Minnchen ab) Jezt noch einmal meine Bitte: wähle dir ein braves Weib, Karl —

Hofrath. Ich kann nicht mehr lieben; Weib und Kind verlohr ich in einem Schlag — beugte mich als Christ vor Gott; aber mit Louisen ist der Wunsch nach allem zeitlichen Glück aus meinem Herzen verschwunden. Auch Sie selbst, meine Mutter! waren Sie nicht bei dem Tod meines Vaters Wittwe im zwanzigsten Jahr ihres Alters....

Frau von Pfalzbach. Ja, Karl!... ich hatte aber Kinder; und du....

Hofrath. Und ich... keine — aber bei der jezigen Verfassung unseres Staates ist es für einen Mann, der mit gesunden Begriffen von seinen Pflichten und fester Anhänglichkeit an seine Grundsäze in öffentlichem Amte steht, ist es nicht äusserst bedenklich, sich eine Frau zu wählen?.. bei uns ist alles in Familienverhältnisse übergegangen, ersparen Sie mir, meine Mutter, Bilder, die so hart und schändlich, als wahr sind—

Frau von Pfalzbach. Giebts doch, lieber Karl, noch Mädchens, die von sich allein abhangen, und zu keiner von all diesen Banditenfamilien gehören — Wie nun?

Hofrath. Mein Herz ist meine Antwort— Nur eine liebte ich, und nie werde ich dich vergessen, du Geschöpf voll sanften Trostes für meinen Kummer, voll zartlicher Nachgiebigkeit bei meiner Laune, voll bestimmten Ernstes bei je-

dem meiner Fehler, und Heldin im Märtyrer
Tod der Gebährerin, liebvoll für mich und dein
Kind bis zum lezten Hauch deines Lebens —
So war Louise, so ganz Engel, und dieser En-
gel war mein — Jezt meine Mutter —

Frau von Pfalzbach. So schwindet dann
die sellgste meiner Hofnungen dich mit Minnchen—

Hofrath. Mit Minnchen? O meine Mutter! ich bin sicher, daß Minnchen nicht mich,
wohl aber meinen Bruder liebt. Auch hofte ich
zeither schon durch diese Heirath von seiner Schauspielerin ihn zu entfernen.

Frau von Pfalzbach. Du sezest mich in
Erstaunen, Karl! giebst mir aber zugleich Aufschluß zu manchem Ausdruck, wodurch Minnchen Wilhelmen bei mir entschuldigte und lobte —

Hofrath. Nun will ich Ihnen auch meines
Lebens fernern Plan freimüthig sagen — das
Leben der Menschen nimmt gegen die vordere
Jahrhunderte merklich ab — Zum Sterben gehört Vorbereitung, und gewissenhafte Prüfung
unserer selbst — So lehrt mich Religion und
Pflicht gegen mich — Wenn ich also noch fünf-
zehn Jahre dem Dienst des Vaterlandes schenke,
so sei der übrige Theil meines Lebens blos mir
geweihet —

Frau von Pfalzbach. Hier Karl! kann ich unmöglich ja sagen, daß du es wagen sollst, in ein blos spekulatives Leben, seie das Ziel, welches es wolle, dich zu vergraben — Der Staat braucht Männer nicht allein von Rechtschaffenheit, nicht allein von ausgebreiteten Kenntnissen, sondern auch von geprüfter Erfahrung — Rechtschaffenheit hast du heute noch gezeiget, da du der Gemeinde Bergstein die 50 Karolins, die man dir nach vollzogenem Urtheil anbot, ausschlugest —

Hofrath. Wer nichts nimmt, wo er darf, nimmt noch weniger, wo er nicht darf — Furcht, die jeder Mensch für seinen Leidenschaften haben muß, zwang mich, das Angetragene abzuweisen — kann diese Gemeinde in einigen Jahren nicht wieder in einen Rechtshandel verwickelt, und ich als Richter ernennet werden. Ich bin Mensch — was brauchts mehr, als einen unglücklichen Augenblick — um durch die bethätigte Erkenntlichkeit dieser Gemeinde zur Nachsicht, durch Nachsicht zu Leichtsinn bei Untersuchung, durch diesen Leichtsinn zum Hang vermumten Wohlwollens, und dadurch zur Partheilichkeit hingerissen zu werden — Wo ist der Mensch, der jeden Augenblick seines Lebens sich versprechen kann, mit Unabänderlichkeit seinen wiewohl anerkannten Grundsäzen treu zu seyn ... Wer darf sich das versprechen? Nur der wagt es, der sich verkennt — und das lehrten Sie mich nie, meine Mutter —

Frau von Pfalzbach. O mein Sohn! dieses Gefühl heroischer Demuth wird dir übers Grab noch frommen — Aber Karl! entferne dich nie vom Dienst deines Fürsten, ... du hast Anlage zu einem Mann, der Gutes im Grosen einst wirken kann — Noch fehlt dir aber die Erfahrung — und hast du sie einst dir erkämpfet diese grose Eigenschaft, dann wolltest du zurück tretten, dein Talent vergraben! oder was in meinen Augen noch strafbarer ist, erst zeigen: ich kann nüzen; und dann auf einmal sagen: ich will nicht mehr nuzen — und das wäre dein Fall — Ist das Gefühl? ist das Ueberzeugung von der Heiligkeit deiner Pflichten?

Minnchen (tritt auf ganz in Verwirrung) Wir wissen uns nicht mehr zu helfen. So eben läßt Bedorf durch seinen Bedienten seiner Frau sagen: Amtsgeschäfte machten seine augenblickliche Abreise unumgänglich nöthig — Sie könnte bei der Mama nur bleiben, bis er ihr weiter schreiben würde.

Frau von Pfalzbach. Bald fürchte ich, du hast Recht, Karl! das alles zielt auf Trennung — komm mit mir zu dem Kanzler, noch nie hat er mir seine Gnade versagt.

Hofrath. So viel Falschheit, so viel Niederträchtigkeit.

Frau von Pfalzbach. Wenn du nicht hilfst, Allmächtiger, was wird aus meiner Tochter werden? (weint)

Hofrath. O weinen Sie nicht, meine Mutter!

Frau von Pfalzbach. Laß mich, Karl! es sind Thränen der Demüthigung vor dem Allerhöchsten, Blutthränen eines beleidigten Mutterherzens — Nicht für mich — für eine unglückliche Tochter, die ihr Glück, und vielleicht ihr Leben selbst, ihrer Pflicht aufopferte — .... Und ich will noch weinen? Nein — diese innere Ueberzeugung ermannet mich wieder — Ich fühle Gottes Kraft in mir — komm, Karl! und du Minnchen verlasse deine Freundin nicht. (alle ab)

Vierter Aufzug.

Erster Auftritt.

Zimmer der Frau von Pfalzbach.

Frau von Pfalzbach. Fr. von Bedorf.
Minnchen.

Frau von Pfalzbach. Standhaft, meine Tochter! vielleicht ist dies die lezte Prüfung, die du zu bekämpfen hast.

Frau von Bedorf. Ich bin auf alles gefaßt, Bedorf sprach so oft schon von Trennung; Ich weiß mich keines Fehlers gegen ihn schuldig, dessen sei Gott mein Zeuge, ertrug alles mit Leiden und Gedult, freuete mich jedes flüchtigen Augenblickes von Ruhe, jedes, auch des unbedeutendsten Zeichens entfernter Reue freuete ich mich, und kämpfte und dulbete, und kämpfe und dulde noch — Aber, meine Mutter! Bei dem Gedanken, als eine offene Verbrecherin, in ein Kloster gesperrt zu werden, bei diesem Gedanken... und wessen ist Bedorf nicht fähig; bei diesem Gedanken empöret sich meine ganze Sinneskraft —

Frau von Pfalzbach. Das sei bein Loos nie, Frenzel! Ich bin Mutter, und behalte meine Rechten, die mir dann noch heiliger werden, wenn sie mich zur Beschützerin gekränkter Unschuld aufschrecken — Ich ware bei dem Kanzler, rührte den rechtschaffenen Mann, und mit der wärmsten Versicherung seines mächtigen Beistandes entließ er mich — Bedorf wird — sieh nur dieses Papier.

Frau von Bedorf. Ich will nichts sehen— die Freude, die aus ihrem Auge in himmlischer Ruhe glänzet, o diese gießt vollen Ersaz für all meinen Kummer in mein Herz.

Frau von Pfalzbach. Könnte ich euch alle nur recht glücklich sehen, und mit dem frohen Bewußtseyn sterben: meine Kinder verdienen ihr Glück.

Minnchen. Wer wird bei Ihnen nicht glücklich seyn?

Frau von Pfalzbach. Nun Minnchen! auch ein Wort zu deinem Herzen; wirst du dich wohl entschließen können, einen Mann von meiner Hand anzunehmen?

Minnchen. Ich weiß den Gehorsam, den ich Ihnen schuldig bin, meine Tante! oder (im Ausdruck der Zärtlichkeit) nach der Fülle ihrer Wohlthaten, meine Mutter! doch Ihr Herz erlaubt mir, Sie zu bitten, mich noch nicht von Ihnen zu zu trennen — So glücklich als ich jezt bei Ihnen bin, werde ich nie mehr, o Gott! nie mehr.

Frau von Pfalzbach. An die Unfehlbarkeit früher oder später Trennung muß jeder Sterbliche hienieden sich gewöhnen, und da dein Ziel wahrscheinlich weiter als das meine entfernet ist, so hast du am Ende doch eine Freundin weniger auf der Welt —

Minnchen. O Ihren Verlust würde ich in einem Kloster —

Frau von Pfalzbach. Pfui Minnchen! das heiße ich schwärmen — Ewig können doch Eltern unmöglich bei ihren Kindern bleiben — dieser Kreislauf der Natur ist unentbehrliches Bedürfniß des Ganzen — so trennt das eiserne Gesez Mann vom Weib — dieser Gedanke würde ziellose Raserei in uns wirken, lehrte uns liebende Religion die Gewisheit eines verklärtern aber dann auch ewigen Wiedersehens nicht; das meine Lieben! ist der grosse Lohn den wir durch Beharrlichkeit erkämpfen müssen — diese Beharrlichkeit ist blos Folge eines reinen Herzens und der pünktlichsten Treue in Erfüllung unserer Pflichten —

Frau von Bedorf. O meine Mutter! jedes Ihrer Worten ist mächtiger Trost für mein wankendes Herz. E

Frau von Pfalzbach. Dies voraus gesezt, Minnchen! vergesse nie; das Weib ist blos Gehülfin des Mannes — das ist Gottes erstes Gebot — Nicht unserm Geschlecht gab er den stolzen Emporschwung zur Oberherrlichkeit über die Erde — Aber zu Geschöpfen voll feiner Empfindungen, voll der seligsten Reizbarkeit zu wohlwollender Nachgiebigkeit und Mitleid schuf er uns, legte in uns mächtiges Gefühl von dem hohen Werth weiblicher Geschämigkeit, und heiligte uns seine Lieblinge, zur Mutterwürde — Auch dieser Ruf sei dein Loos, Minnchen!

Minnchen. Ich kenne die wahre mütterliche Zärtlichkeit Ihres Herzens, und diese erlaubt mir, Sie um Verzögerung Ihrer Befehlen zu bitten, bis mein Herz die Wahl des Mannes vollendet, der mich durch dieses Leben führen soll —

Frau von Pfalzbach. Nie, Minnchen! nie werde ich meine Gewalt mißbrauchen, selbst Eltern bleiben bei diesem entscheidenden Augenblick blos Freunde für ihr Kind, und ich wünsche aus dieser Welt mit dem Vorwurf nicht gehen zu müssen: ich habe mein Kind an einer Verbindung verhindert, wenn nicht persönliche Fehler in dem Gegenstand seiner Auswahl meine Widersezlichkeit rechtfertigeen — hast du gewählt, Minnchen! rede frei — Ob ich deine Freundin bin — sage dir dein Herz? rede —

Minnchen. Ihre Gütigkeit rührt mich —; (küßt ihr die Hand, und bleibt in dieser Stellung)

Frau von Pfalzbach. Thränen auf meiner Hand? O laß mich in deinem Herzen lesen meine Liebe! du liebst!

Frau von Bedorf (geht zu Minnchen) O reden Sie — Sagen Sie uns den Mann der ....

Minnchen (schnell zur Frau von Bedorf) Geliebt! innigst geliebt! mich nie lieben wird — Lassen Sie mich schweigen, ich kann nie glücklich werden.

Frau von Bedorf. O Minnchen! Sie lehrten mich den Trost kennen, den Theilnahme eines Freundes . . . . .

Minnchen (zur Frau von Pfalzbach) Nein.... Sie sollen wissen, daß ich nie jemanden werde lieben können, als unsern Wilhelm (fällt ihr um den Hals, reißt sich loß, geht schnell ab, unter der Thür kömmt der Hauptmann, Minnchen lauft in die Arme der Frau von Pfalzbach zurück) O seien Sie meine Retterin, meine Mutter!

Der Hauptmann (ihr nach) Was that ich? — Welche Zerrüttung! — Sagen Sie mir, Mama! Schwester, ich bitte dich — du weißt, wie sehr ich Minnchen verehre; rede doch! hat man falsche Nachrichten ausgestreuet? Was könnte sie sonst so verwirren?

Frau von Pfalzbach. Höre mich, Wilhelm!

Minnchen. O zu ihren Füssen beschwöre ich Sie —

Frau von Pfalzbach. Sei ruhig — Frenzel, bringe sie auf ihr Zimmer.

Hauptmann (hält sie auf) Nein, sie soll nicht fort, ich will, ich muß erst Aufschluß des Ganzen haben —

Frau von Pfalzbach. Wer berechtigt dich zu dieser Hize? —

Hauptmann. Mein Unglück, oder deutlicher mein Verbrechen, macht mich kleinmüthig und mistrauisch, jeden Schritt und Tritt gemisdeutet zu sehen —

Frau von Pfalzbach. Jezt nichts hievon — indessen Frenzel begleite Minnchen auf ihr Zimmer.

Frau von Bedorf. Kommen Sie! meine Freundin! in dem Arm einer Unglücklichen ruht sichs vertraulich.

Minnchen. Noch einmal, meine Mutter! schonen Sie meiner.

Hauptmann. Ich beschwöre Sie, Fräulein! aus Erbarmen sagen Sie mir, was that ich? und woher verdiene ich all diesen zurückhaltenden Zwang? Minnchen! (faßt sie bei der Hand) hat mein Vergehen all ihre schwesterliche Neigung aus ihrem Herzen getilget?

Minnchen. Nein, Wilhelm! nein. O nähme mich Gott zu sich!

Hauptmann. Sie weinen Minnchen!

Frau von Pfalzbach. Du erfährst vielleicht noch manches, Wilhelm! geht meine Kinder (Frau von Bedorf und Minnchen ab)

Zweiter Auftritt.

Die Vorigen, endlich Hof.

Eine ziemliche Pause, worinn Frau von Pfalzbach den Hauptmann, der äusserst gerührt ist, beobachtet, endlich schaut er auf, in diesem Augenblick wendet sie ihr Aug schnell von ihm ab.

Hauptmann. Wie — auch Sie, meine Mutter? O was zieht mir dieses Zeichen Ihres Abscheues zu?

Frau von Pfalzbach. Ich vermuthete dich bei deinem Obristen.

Hauptmann. Ich kam nur hieher, einige Quittungen, die noch abgehen, zu suchen — Aber ich bitte Sie —

Frau von Pfalzbach. Je nun, berichtige vor der Hand das, wozu deine Ehre dich aufruft—

Hauptmann. Alles, meine Mutter! alles. Lassen Sie mich aber nur etwas von dem vermuthen, was — oder sollte Minnchen grösserer Verbrechen mich fähig halten?

Frau von Pfalzbach. Beleidige niemanden — und die am wenigsten, die so sehr die Freundin deines künftigen Glückes ist — aber berichtige erst deine Geschäfte.

Hauptmann. Mein Bruder ist ja bei dem Obristen in Berechnung des Ganzen, es eilet also nicht mit diesen Beilagen — Aber meine Mutter! Hier bin ich zu Red und Antwort. Wie können Sie mir das versagen, was ich als Beklagter darf fordern — Reden Sie! wessen beschuldiget man mich? ich werde, ich kann mich vertheidigen, um Ihre mütterliche Liebe nicht ganz zu verlieren.

Frau von Pfalzbach (bedenklich) Mütterliche Liebe, Wilhelm, ist doch wohl nichts anders, als belohnendes Verhältniß zur Kindespflicht — Was hältst du nun für kindliche Pflicht? hier entscheide —

Hauptmann. Ein strenger Anfang, wenn er mir gelten soll —

Frau von Pfalzbach. Glaubſt du, daß Kinder zu all dem verbunden ſind, was die Ruhe und das Glück vernünftiger Eltern befördern kann —

Hauptmann. Allerdings, meine Mutter!

Frau von Pfalzbach. Was würdeſt du alſo thun, wenn deine Mutter von einer Geſellſchaft dich abrief, die du ohne dieſen Abruf nicht würdeſt verlaſſen haben —

Hauptmann. Gehorſam hielte ich für meine erſte Pflicht, aber ſagen würd ich Ihnen alles, was ſich zur Entſchuldigung mit Grund ſagen ließ — und ich bin überzeugt, daß meine Mutter keiner Niederträchtigkeit mich fähig hält —

Frau von Pfalzbach. Was ihr Leute doch für unbegreifliche Begriffe von Ehre und Rechtſchaffenheit habt — Ihr duldet Geſchöpfe in eurer Mitte, die Schulden auf Schulden häufen, wodurch mancher ehrlicher Bürger mit Frau und Kindern zu oft empfindlichen Schaden leidet — habt Leute unter euch, die durch Verführung eines unſchuldigen Mädchens, deren ſie ſich noch rühmen, Glück, Frieden und Ruhe aus manchem Haus verſcheuchen, das zuvor durch die herzlichſte innigſte Eintracht ein ſtiller Tem-

pel zeitlicher und ewiger Glückseligkeit war, alle
diese bleiben unter euch, wenn sie nur den uner=
sezlichen Jammer dadurch gut zu machen bereit
sind, daß sie den Vater oder Bruder der Ver=
führten auch noch morden — Doch genug hie=
von — du kennest mich, Wilhelm! wir sind al=
lein — Muß ich und mit mir die ganze ehrbare
Welt auf die allerdings gegründete Vermuthung
nicht kommen — du hast das fehlende Geld beim
Spiel, betrügenden oder gar betrogenen Wei=
bern aufgeopfert.

Hauptmann. Keines von beiden.

Frau von Pfalzbach. So weit bist du ver=
stockt? bis zur Lüge würdigest du dich und dei=
ne Mutter herab — ha schändlich, und das mein
Kind?

Hauptmann. Keine Lüge, meine Mutter!
mein Receß ist meist Vorschuß für meinen O=
bristen.

Frau von Pfalzbach. Meist Vorschuß?
also noch immer Receß auch für dich; wo hast
du das verschwendet, was dir zur Last bleibet,
nicht der Ertrag schreckte mich, aber deine ge=
heimnißvolle Art, diese kränkt mich tief in mei=
ner Seele —

Hauptmann. Ich fühle, beste Mutter!

daß ich Sie beleidiget, gekränkt habe — aber laſſen Sie ein Herz voll der bitterſten Reue, voll der kindlichſten Gefühlen ... (will ihr die Hand küſſen)

Frau von Pfalzbach) (zieht ſie zurück) Gehe, Wortgepränge und eitler Flitter ſind alle dieſe feile Ausrufungen in meinen Augen — du haſt redliche Beweiſe nicht benuzen wollen, deine kindlichſte Gefühle, bitterſte Reue, oder wie du dieſe Worte ſo eben mit Dichtersſchwung nannteſt, zu bethätigen — hätteſt du offen mit mir gehandelt, deinen Fehler und deſſen Urſache frei bekennet, dann, Wilhelm! hätte ich Vorgefühle von Reue und nahender Beſſerung bei dir geſehen — Bei mir gilt That und Handlung, das weißt du, hieraus und nicht aus Worten darf und will ich dich vom Heuchler unterſcheiden; handle ich anders, ſo gewöhne ich mein Kind zur Lüge, und verdiene den Namen Mutter nicht.

Hauptmann. O ſchrecklich, meine Mutter! wie ſchrecklich —

Frau von Pfalzbach. Urtheile für mich, Wilhelm! urtheile ſelbſt — du greifſt fremde Gelder an, Gelder, die dir auf Pflicht und Ehre anvertrauet waren, ſezeſt dich der Gefahr aus unter den Haufen ehrloser Betrüger in den Augen der Welt gemischet zu werden — Von der Beleidigung deiner Familie, von der Kränkung, Qual und Jammer deiner Mutter, von der geprüften Rechtschaffenheit deines Vaters unterm Boden, und der Tiefe, worein der Sohn dieses würdigen Vaters muthwillig sich gestürzet hat, will ich nicht reden —

Hauptmann. O Gott im Himmel! halten Sie aus Erbarmen für mich — halten Sie ein.

Frau von Pfalzbach. Sage, Wilhelm! war dir Familie, Mutter, das Andenken deines Vaters, die Ehre deines Standes nicht von je heilig? mußt du nicht selbst gestehen? daß ein weit mächtigerer Reiz alles dieses zu vergessen dich zwang —

Hauptmann. O meine Mutter! ich liebe —

Frau von Pfalzbach. Du liebst? — du liebst? — liebst du entschlossen?

Hauptman. O ewig — ewig.

Hof (tritt auf) Der Herr Obrist erwartet Sie mit den Papieren, Herr Hauptmann, und der Herr Hofrath läßt Sie bitten, nicht zu säumen —

Frau von Pfalzbach. Geh, Wilhelm! vollende deine Geschäfte — Glaube, daß deine

Mutter dem Glück ihrer Kinder alles aufopfert — Auf wiederſehen (reicht ihm die Hand, die er küſſet) dann ſprechen wir mehr. (ab)

Hof (ſieht ihr nach) Nu ſo giebts doch wenig Mütter mehr in dieſer Welt; Herr Hauptmann! wenn Sie dieſe Frau beleidigen können, dann müſſen Sie ein rechter Unmenſch ſeyn; ich könnte weinen, und mich gehet ſie doch von Haut und Haar nichts an, was ſollen Sie nicht erſt alles ihr zu Gefallen thun, da Sie doch ihr Fleiſch und Blut ſind —

Hauptmann. Gewiß, lieber Hof! gewiß beleidige ich meine Mutter nie mehr — ſie iſt ein wahrer Schuzgeiſt für mich —

Hof. Nun bin ich noch einmal ſo gern bei Ihnen — aber da muß auch die Bekanntſchaft in dem Eckhaus —

Hauptmann. O vielleicht, vielleicht Hof — doch ich muß zum Obriſten — komm mit —

Hof. Nun iſt das Leben erſt eine rechte Freude in dieſem Haus — (beide ab)

Dritter Auftritt.

Sophiens Zimmer.

Sophie. Doran. Hannchen, hernach der Hauptmann.

Sophie. Nun, Doran! naht der entſcheibende Augenblick — Verlaß mich nicht — Nur erscheine nicht zu früh, damit alles den Anstrich des Ungefehr nicht verliere.

Doran. Sorge für nichts mehr, du mußt Frau von Pfalzbach werden — Bedorf ist mein Freund —

Sophie. Bedorf dein Freund? wußte ich doch nicht einmal, daß du ihn persönlich kanntest.

Doran. Wir Franzosen, weißt du, brauchen nicht lange, um Freundschaft zu machen — Bedorf und ich sprachen uns heute im Kaffeehaus, wiewohl das erstemal — Aber da er mit verbissener Wuth über Pfalzbachs Familie sich lustig machte, adressirte ich mich näher an ihn — wir wurden bald vertrauter, er aus Bedürfniß jemanden zu haben, der seine gerechte Sache mit Vergnügen anhören wollte, und ich aus Verlangen dir zu dienen — Hier wird es also nicht fehlen — Nun noch etwas gute Geschäfte mit dem Neveu des Generals, der mir doch auch etwas sachdienliches sagen wird, oder wenigstens muß gesagt haben — à revoir (ab)

Sophie. Welche Wendung wird doch mein Schicksal noch nehmen? Bei Gott! es sind Augenblicke, wo ich fast verzweifle, — doch muß ich mich auf jeden Fall richten — aha — hier ist auch noch etwas zu besorgen (schellt, Hannchen kommt) hier ist die Quittung für mein leztes Quartal — Gehe zum Zahlmeister — (Hannchen ab, unter der Thür kommt der Hauptmann ihr entgegen)

Hannchen. Der Herr Hauptmann, Mamsell!

Sophie (lauft gegen die Thür) Hannchen—noch etwas (hier scheint sie den Hauptmann erst wahrzunehmen, der Hannchen an der Thür zurück hält, und eintritt — Sophie weicht verlegen zurück)

Hauptmann. Beehren Sie mich mit Ihren Aufträgen?

Sophie (mit Laune, aber bescheiden) Würden Sie wohl gehorchen wollen — dazu sind Männer nicht immer gestimmt — Nur einen Augenblick, Herr Hauptmann (Hauptmann tritt vor, Sophie redet leise mit Hannchen, und schlägt ihr sanft mit der Hand auf die Wange) bist nicht klug, Mädchen! (küßt sie, Hannchen ab)

Hauptmann. Warum entzogen Sie mir Ihre Befehle, könnten Sie an meinem Eifer zweifeln? (will ihr die Hand küssen)

Sophie (zieht sie mit Anstand zurück) Wieder eine der gewöhnlichen Höflichkeitslaunen, die bei euch Männern so vollwichtig seyn sollen — Ich meine doch, Sie sollten mich so viel kennen, daß ich meine bessere Bekannte zu sehr schäze, um sie in diesem Alletagszwang sehen zu wollen —

Hauptmann (mit steigender Hize) Höflichkeits=
laune? Beſſere Bekannte? Alletagszwang?

Sophie (hält ihm den Mund zu) Still! ſtill!
heute verreiſe ich ja noch, und ſollte mit Verdruß...

Hauptmann. Warum auch eben jezt?

Sophie. Familienangelegenheiten zwingen
mich, ich bliebe lieber zu Hauſe. (er küßt ihr die
die Hand, und legt ſeinen Arm um ihren Leib, ſein Huth
fällt ihm, ſie hebt den Huth auf — lauft zu ihrem Ka=
napee, und ſezt ſich, der Hauptmann ſteht ganz in Be=
geiſterung) kommen Sie, Pfalzbach! hieher zu
mir — Sie ſind der einzige meiner Freunden,
der ſich meiner Abreiſe erinnert (ſieht bald ihn mit
Bewegung an, bald ſpielt ſie mit ſeinem Huth) ſo
kommen Sie doch; vielleicht ſizen wir lange nicht
mehr hier zuſammen. (ſchlägt ihre Augen mit Schwer=
muth nieder)

Hauptmann (geht gegen ſie) O Sophie! am
Abend Ihrer Abreiſe, was kann — was will ich
von Ihnen verlangen? Was Ihnen ſagen?...
Bleiben Sie hier.... Ich bitte Sie — Jezt in
meinem Kummer verlaſſen Sie mich?

Sophie (erſchrocken) Welcher Ausdruck,
Pfalzbach! ſollte wahr ſeyn, was ich gehöret?....
reden Sie, wenn Sie mich unter die Zahl Ihrer
Freunde je rechneten — kann ich etwas für Sie

thun? Verlangen Sie ..... doch hierzu sind Sie zu stolz ... Aber vorerst eine Frage: ist sie unbescheiden, so bleibt sie doch Beweiß meiner Gesinnung — Sie haben Receß.

Hauptmann. Gehabt — alles ist berichtiget — O das ist mein Jammer nicht —

Sophie (mit Unmuth) Schon berichtiget? O warum glaubten Sie mich zu diesem frohen Geschäft nicht fähig.

Hauptmann. Edle, großmüthige Seele! könnten Sie in meinem Herzen lesen, dieser Vorwurf träfe mich jezt nicht — von niemand in der Welt will ich lieber Wohlthaten annehmen, kann von niemand den endlichen Ausspruch über Glück und Unglück meines Lebens hören, als von Ihnen (will niederknien)

Sophie (steht schnell auf, als achte sie hierauf nicht) O Pfalzbach! doch Sie thaten wohl... Ihre Familie hat das gegründete Vorrecht auf das Glück, Ihnen dienen zu können (geht in Bewegung auf und ab) Nur weiß ich nicht, warum der Gedanke an ihren Receß, Pfalzbach! zu Tiefsinn mich herabstimmt? — aber ich wollte, ich hätte zum Geständniß Ihres Geheimnisses Sie nicht gezwungen oder — Sie hätten es in der Welt niemand als mir gesagt.

Hauptmann (springt auf) O was habe ich zum Erſaz? (umfaßt ſie mit beiden Händen) O Sophie! (ſein Blick heftet ſich auf Sophien, ſie überſicht ihn ſchnell, aber doch mit Bewegung, und will ſich von ihm losmachen) Warum weilt Ihr holdes Auge nicht einen Augenblick auf mir (ſie wird noch unruhiger, er hält ſie feſt in ſeinem Arm, legt ſeinen Kopf auf ihre Schulter, und drückt ihre Hand an ſein Herz) Fühlen Sie, Sophie! ob dieſes Herz einem andern Namen, als dem Ihrigen, ſchlägt, andern Wunſch, als Ihre Hand hat (fällt auf ſeine Knie)

Sophie (reißt ſich mit Gewalt los) Gott im Himmel! was höre ich? (wirft ſich auf ihr Kanapee, und verbirgt ihr Geſicht in ihren Arm, Pfalzbach fällt dort wieder zu ihren Füßen) zurück, Pfalzbach . . . fort . . . es iſt das leztemal . . . mein Herz ſagt es mir . . . es iſt das lezte mal, daß ich Sie ſehe.

Hauptmann. Stehe mir bei, was mächtig iſt! Wer ſagt Ihnen, daß ich fort muß? —

Sophie. Mein Herz, lieber Pfalzbach! Ihre Muter wähnt, ich trüge die Schuld Ihres Receſſes, und gewiß hätte ich ihn lieber berichtiget, als verurſacht —

Hauptmann (ſie hebt ihn auf) Schonen Sie meiner . . . o der Tumult meiner Seele . . . . .

Sophie.

Sophie. O welcher Abstand in meinem Schicksal — Es ist zu spät, Pfalzbach! unsere Trennung —

Hauptmann. Wer kann uns trennen, wenn
wir uns lieben?

Sophie. Wer? Ihre Familie, Ihre Mut-
ter (sieht ihn mit Schüchternheit an) Sie selbst, Pfalzbach! werden unsere Trennung unterschreiben.

Hauptmann. Ungerechte! O das nie....
nie durch Elend, nie durch den auch unerbittlich-
sten Fluch meiner Mutter —

Sophie. Sie verkennen Ihre Mutter,
Pfalzbach! Nie wird sie tollkühn genug seyn
gegen wild aufstürmendes Blut Schreckenzwang
zu gebrauchen — Sie weiß, daß der nie bessert,
der entrüstet, sie wird bei ihrem Wilhelm eine
zärtere schwächere Seite aufspühren — wird als
eine kluge Frau durch anscheinende Nachgiebigkeit Ihr Vertrauen gewinnen, als Freundin
Ihre Leiden fühlen, mit Mutterthränen, die in
das Herz des guten Sohnes dringen, auch eigenen Muttergram mit untermischen — endlich
eine Stunde finden, wo vielleicht augenblickliche
Abstimmung des Herzens Gelegenheit ihr in die
Hand spielt, alle die unangenehmen Folgen unserer Verbindung zeigen zu können — Hier nun

F

ein fürchterlicher Kampf in ihrem Herzen, Pfalzbach! zwischen Kindespflicht und selbst gewählter Verbindlichkeit —

Hauptmann. Welch schauerliche Schilderung? O Sophie!

Sophie. Lassen Sie mich mein Bild vollenden — Hier eine Mutter der Sie alles schuldig sind, die auf allen Gebrauch elterlicher Gewalt Verzicht thut, um desto stärker zu wirken, je schwächer, je waffenloser sie sich selbst zu machen scheint, diese Mutter, unterstüzt von einer zahlreichen und mächtigen Familie, die Himmel und Hölle zur Hülfe bewegen wird — und gegen all diesen Troß mächtiger Feinde ein armes Mädchen, das nichts als liebt — Welches Loos für diese Unglückliche? Trennung und Schmach; sehen Sie, lieber Pfalzbach! — das ist das Ende unseres Romans —

Hauptmann. Nein, Sophie! legen Sie Ihre Hand in die Meinige — Gott sieht unsere Verbindung, er heiligt Sie zur Majestät der Unauflößlichkeit, und mich zum Glücklichsten aller Sterblichen. (fällt ihr um den Hals, küßt ihr Mund und Hand)

Sophie (mit Würde) Nur Sie, Pfalzbach! liebte und liebe ich — wünschte von je nichts sehnlicher, als an Ihrer Hand durch dies Leben zu

gehen — das waren die glücklichen Tage meines
Lebens, da war Siegwart bei mir noch mehr,
als Ideal, da ſchwärmte mir ſo mancher ſchöner Traum durch den Kopf — aber jezt fühle ich
die Unerfüllbarkeit dieſer Träumen.

Hauptmann. Und ich fühle nichts, als das
Glück, von Ihnen geliebt zu werden — bleibe
ſorgloß für alle Zukunft — Wenn ich die beſizen darf, die ich liebe . . . .

Sophie. Pfalzbach! ich ſahe jezt den ſchön-
ſten Augenblick meines Lebens — weiter hinaus
giebts keinen Wunſch mehr für mich — ich fühle zu ſehr, wie wenig ich das Weib bin, das
Sie beſizen darf — Laſſen Sie mich — entner-
ven Sie den Vorſaz nicht, der für Ihre und meine Ruhe und Ehre ſo unentbehrlich iſt — Was
würde das Ende des ganzen ſeyn? Sie, als ein
ſchwacher Mann, und ich als eine Verführerin
gebrandmarkt — Unſer beiderſeitiges Glück alſo verlangt das Opfer unſerer Leidenſchaft —

Hauptmann. So unerbittlich — ſo kalt,
Sophie! O Gott! ohne Sie leben — Nur,
nur das nicht!

Sophie. Seien Sie gerecht, Pfalzbach!
Ich bin ja nur ein Weib (legt ihre Hand auf ſeine
Schulter) Was wäre es, wenn ich die ſüſſe Lo-

ckungen der Liebe nicht bestritte — Sie würden
aus dem Schoos ihrer Familie verstossen, mit
Ihrem Weib als Flüchtling herum irren müssen — Unsere Kinder würden kein Vaterland
haben — würden bald als Waisen, dem furcht-
barsten Schicksal Preis gegeben; ohne Erzie-
hung, ohne Bestimmung, verborben an Leib
und Seele, denen fluchen, die Ihnen das Leben
gegeben.

Hauptmann. Warum so kleinmüthig, Sophie! Ich hoffe eher, da meine Liebe Gottes
Werk seyn muß, daß wir fern von allem Ge-
tümmel dieser Welt glücklich . . . . .

Sophie (mit zurück geschluckten Thränen) Ist
es Ihr Vorsaz, uns unglücklich zu machen?
(sie verbirgt ihr Gesicht in seinen Arm)

Hauptmann. Du weinst, Sophie! glü-
hend fällt jede deiner Thränen auf mein zerflies-
sendes Herz — habe Erbarmen mit mir! —
So viel ertrage ich nicht — Jeder Winkel der
Erde soll an deiner Seite mir frohe Stunden ge-
währen. O werde, werde die Meine! —

Sophie. Sie wissen nicht, was Sie begeh-
ren. Mann des glücklichsten Weibes werden —
bedenken Sie, daß Ihre Mutter mich nie als
Tochter wird erkennen wollen, daß Sie als ein

Auswürfling verstoßen werden — und dann fühlen Sie auch die Vorwürfe, die mein Herz mir
machen wird, wenn ich den einzigen Mann,
den ich liebe, für mich so elend werde sehen müssen — Nein, Pfalzbach! das kann — das darf
ich nicht —

Hauptmann. Rede deutlicher, du willst
mich nicht lieben —

Sophie (fällt ihn um den Hals, weint) Ich
dich nicht lieben, Undankbarer! hier ist meine
Hand. (steht rasch auf, Pfalzbach fällt zu ihren Füssen)
Aber jezt rüste dich zu Unglück, und bleibe Mann;
. . . . . treulich werde ich dir das Beispiel davon geben . . . . (hebt ihn auf) verlassen müssen
wir alles, fliehen, wohin Liebe und Gottes
Schuz uns leiten wird — dies ist der einzige
Weg deiner Mutter Einwilligung zu gewinnen —
hast du nun Liebe genug für mich, deine Familie zu verlassen? nicht auf ewig — das wird deine Mutter nie zugeben, und mich lieber aufnehmen, als dich entbehren —

Hauptmann. O welch kränkender Zweifel!
Sophie. Prüfe dich genau, Pfalzbach!
Noch ist der Schritt nicht gethan — Noch trete
zurück, wenn es dich in meinen Armen je reuen
sollte, der Meinige geworden zu seyn — trete

zurück, noch machst du keine Kinder unglücklich, wenn du mich verlässest!

Hauptmann. Ich dich verlassen? O giebt es Schwüre —

Sophie. Halt, Pfalzbach! Schwüre beweisen Raserei — Augenblicke von sinnlicher Anwandlung — Aber Liebe, reine Liebe, Wunsch zu ehelicher Verbindung muß überdacht, und mit einem gewissen Grad religiöser Versammlung des Geistes vollkommen geprüfet werden — Also gehe jezt zu deiner Mutter, dort fühle, was dir unmöglich ist, auf einige Zeit von ihr, oder auf ewig von mir getrennt zu werden —

Vierter Auftritt.
Doran. Die Vorigen.

Doran. Wie? Sie hier, Pfalzbach!
Sophie. Warum erstaunest du so?
Hauptmann. Ja Doran, ja ich hier, ewig hier.; Sophie ist mein.
Doran. Das gebe Gott, aber ich fürchte. (winkt Sophien, abzugehen)
Sophie. Nicht wahr, Doran! die ganze Welt wird mir den Mann zurück fodern, den ich liebe ... O ich Unsinnige. (will abgehen Pfalzbach bis zur Seitenthür ihr nach) Laß mich—

Ich fühle wohl, daß ich stärker seyn sollte, doch mein Wort gab ich — hier aber, lieber Wilhelm! hier kann ich die Deinige nicht werden, fort müssen wir — Doch in diesem Augenblick noch (fällt ihm um den Hals) beschwöre ich dich, trette zurück, laß mich allein unglücklich werden und bleiben —

Hauptmann. O bei dem, der uns erschaffen, nur kein Wort mehr von Trennung — bleibe —

Sophie. Ich bin zu sehr erschöpft — laß mir Erholung — auch sollst du mir nie vorwerfen können: ich hätte in einem Augenblick von Leidenschaft dich zu einem Schritt hingestürmet, den du am Rande des Grabes einst wünschen könntest, nicht gethan zu haben — Auch dich, Doran! bitte ich, zeige Pfalzbachen noch einmal alle die Folgen dieses Schrittes mit brüderlichem Herzen, damit er selbst in allem entscheiden könne — Glücklich sollst du seyn, Pfalzbach! — Mein oder nicht mein, nur glücklich. (durch die Seitenthüre ab)

Doran. Noch kann ich nicht begreifen, daß Sie hier seyn können,— vermuthlich weiß man nicht, wo Sie sind —

Hauptmann. Warum?

Doran. Erschrecken Sie nicht, lieber Pfalzbach! wenn Sie auch mein Bruder nicht würden, so bedauerte ich doch den Auftritt, der Sie erwartet —

Hauptmann. Mich — welcher Auftritt?

Doran. Sie wissen also nicht, daß ihr Obrist Arrest hat, und gleiches, wahrscheinlich noch härteres Schicksal Sie erwartet, und zur strengsten Untersuchung ihres Recesses an das Regiment bereits der Befehl ergangen —

Hauptmann. Je nun, was weiter? bleiben mir doch höchstens auch nicht einmal hundert Thaler zu Last —

Doran. Nichts — gar nichts, wenn alles mit Unpartheilichkeit untersucht und geschlichtet würde — Allein des Obristen Vater ist Minister, verkappter Geiz unter der Larve Ministerieller Unerschütterlichkeit, Falschheit und ein Herz der erhabensten Tugend und den schändlichsten Lastern gleich offen, das ist die Karakteristik Ihres Gegners — Auch ist der Generalauditor von Breimlich die würdige Kreatur seines hohen Gönners als Kommissarius durch Kabinetsordre bereits ernannt — Jezt, lieber Pfalzbach! können Sie doch unmöglich so vor den Kopf geschlagen seyn, daß Sie sich nicht dermalen schon den Ausgang des Handels deutlich berechnen müssen —

Hauptmann. Man kann mir doch in keinem Fall zu Leibe — Ich berichtige die ganze Kasse, also existirt kein Receß, mithin auch keine Untersuchungskommißion.

Doran. Sehr richtig — Wie aber? wenn der Minister die Sache verdrehet — und zum Beispiel, als einen Verführer seines Sohnes Sie angreifet, Ihnen vorwirft, Sie hätten den Obristen in die Schulden gerissen, und davon profitiret.

Hauptmann. O dann bin ich Offizier — der trete auf, der dieser Vermuthung nur mich würdig hält — Bei Gott und Ehre glühende Rache über ihn — sei er Minister oder Teufel.

Doran. Freilich, lieber Pfalzbach! schießt und rauft sich ein braver Kerl auf Leib und Seele um das Bischen Ehre herum, besonders wenn man nichts besseres hat — Aber hierzu müssens doch zwei seyn, — wenn nun der Minister vom Fürsten selbst berechtiget wird, über all diese Vorwürfe genau und streng Sie zu befragen —

Hauptmann. Das wird der Fürst nie thun?

Doran. Nicht thun? wenn es der Minister will — O da müßte dieser sein Ministers-A B C nicht einmal recht verstehen. Ganz ohne Cabale zu machen, geht das Ding seinen Aufserst natürlichen Gang — Der Minister spricht mit lächelnder Miene von den Schulden seines Sohnes bei dem Fürsten — und läßt nur hie und da so ein Wörtchen von übler Gesellschaft und Verführung fallen, wodurch der Obrist in diese Verschwendung gekommen. Der Fürst wird aus menschlicher Neugierde oder landesväterlicher Vorsorge hierauf aufmerksam gemacht, und will diese so verderbliche Gesellschaft wissen — Hier ist nun der grosse Augenblick — vors erste empfiehlt der Minister seinen Sohn bei dem Fürsten dadurch, daß dieser Niemanden als sich selbst angeklaget — das wird nun als eine Feuerprobe des edlen Jünglings ganz Zahnarztmäßig aufgehoben — Der Minister freuet sich so gar, daß dieser Zufall seine und nicht eine andere Familie betroffen, und bittet den Fürsten, an dem Obristen ein warnendes Beispiel für andere junge Edelleute zu geben, weil bei dermaligem allgemeinem Verderbniß unserer Jugend dergleichen Auftritte noch mehr zu befürchten seyn würden — Nun frage ich Sie, lieber Pfalzbach, wird nicht auf diese Weise jeder, auch der beste Fürst gereizet, die strengsten Befehle gegen diese vermeintliche Volksverführer zu ertheilen, und durch den Gesichtsmechanismus des Ministers in Bewe-

gung geſezt, bei dieſem erſten Vorfall gleich alles zu thun, was zu Erſtickung dieſes ſchleichen-
den Uebels erforderlich ſeyn kann — Nun ſehen
Sie doch, daß Sie unterliegen müſſen —

Hauptmann. Ich habe auch noch Freunde — Mein General —

Doran (lacht) Freunde? Ihr General wird
ſich gewiß mit dem Miniſter nicht verfeinden,
und das wegen der Sache eines drittern —

Hauptmann. Nicht Sache eines Dritte-
ren — Regimentsgeſchäfte bleiben eigene Vor-
fälle für den Innhaber, und mein General iſt
ein ehrlicher Mann —

Doran. Ehrlich en homme de Cour, das
heißt im weiteſten Verſtand des Wortes Zulaſ-
ſungsweiß; ſo viel weiß ich gewiß, daß dieſer
ehrliche General von Ihrer Geſchichte wirklich
ſchon ſehr geſpannt ſpricht, und dermalen die
ganze Summe ihres Receſſes baar anverlangt,
obſchon er ihrem Herrn Bruder drei Terminen
anfänglich zugeſtanden —

Hauptmann. Wer ſagt das? Noch nie
hat mein General ſein Wort zurück genommen.

Doran. Vermuthlich, weil er noch in keinem Fall gegen den Miniſter hätte handeln
müſſen — Es giebt eine zweite Gattung von Leu-

ten an den Höfen, mein lieber Pfalzbach! die in Gesellschaft von geringern ihr fiat Justitia & pereat mundus so papageimäßig daher beten, daß einem bei der kolossalischen Ehrlichkeit dieser Halbgöttern das Maul voll Wasser lauft — doch sieht man sie nur im Vorzimmer eines grössern, wie sie mit so geschmeidigen Semitönchen sich zu benehmen wissen, daß sie bei einem gesezten Mann mehr Mitleid, höchstens Verachtug, als Haß und Zorn erwecken müssen —

Hauptmann. Nein, zu dieser Klasse gehöret mein General nicht

Doran. Modifiziren Sie die Härte meines Ausdrucks, die meine Freundschaft für Sie unwillkührlich mir entrissen — Aber antworten Sie mir zugleich; ist es nicht äusserst zweideutig, daß der General jezt den ganzen Ertrag Ihres Recesses baar begehrt — lässet dieses Betragen nicht jeden Unbefangenen vermuthen, daß dieser Ihr so ehrlicher General und Gönner und Freund nicht mehr so ganz vortheilhaft für Sie denke, als er gedacht, ehe er den Antheil wußte, den des Ministers Sohn bei diesem Entreacte hatte, besonders da er jezt mit Ihrer Versezung zu einem andern Regiment nicht mehr geplagt seyn will — Geplagt — das ist der

Ausdruck, womit er sich gegen Ihren Herrn Bruder erkläret, und den ich dem neveu des Generals, der bekanntlich mein Schüler ist, nicht glauben konnte, bis Herr von Bedorf das Ganze von Wort zu Wort mir wiederholte — und mit dem unangenehmen Beisaz: Ihre Frau Mutter seie dermalen ausser Stand, alles baar zu berichtigen — auch nicht gesinnet zu borgen — Sehen Sie also, bester Freund! ob ich unrecht habe, Ihres Schicksals wegen besorget zu seyn —

Hauptmann. Gott im Himmel! jezt verliere ich auch Sophien.

Doran. Warum Sophien? hat das Mädchen je aus Eigennuz Sie geliebt? O verkennen Sie die nicht, die mit ungetheilter Seele an Ihnen hängt — die am Rande der Erde mit Ihnen leben will — Sehen Sie, Pfalzbach! hier ist Sophiens Chatoulle, (nimmt einige Rollen heraus) und hier 200 Louis d'Or, brauchen Sie es nach ihren Bedürfnissen — So sind Sie auf jeden Vorfall gesichert — nehmen Sie ohne Weigerung, lieber Pfalzbach — Jezt würden Sie Sophien kränken, vielleicht gar Mißtrauen in ihr rege machen — nehmen Sie, mein Bruder! (küßt ihn, und Pfalzbach nimmt das Geld)

Hauptmann. Welches Herz? welcher Abstand von Sophiens edler liebevoller Zudringlichkeit zu meiner Mutter peinigender Zurückhaltung — stößt meine Familie mich nicht mit Füssen von sich?

Doran. Man sollte allerdings Ja sagen — Ich bin auch Vater, Pfalzbach! all dem Unglück also ausgesezt, darein Eltern durch ihre Kinder gezogen werden können, würde Sie dahero in Ihrem Vorsaz mit Sophien zu entfliehen gewiß nicht stärken, allein wenn ich bedenke, daß Ihre Mutter um einer Kleinigkeit willen in den Augen der ganzen Stadt so schändlich Sie hinstellt — O Sie glauben nicht, wie alles in voller Empörung ist, .. wenn ich denke, daß Ihre Mutter so wenig thut, aus all dem Elend Sie zu reissen, dann gestehe ich Ihnen aufrichtig, daß meine ganze Galle empor wallet, und Ihre Familie Sie zu noch weit hastigern Schritten reizet und berechtiget — Geht also, Gott wird euch begleiten, aber mit möglichster Vorsicht muß alles Schritt vor Schritt abgemessen werden — Meine Meinung also wäre, der heutige Wal giebt zu eurer Flucht den besten Vorwand — Sophie wird als Zigeunerin, Sie aber müssen mit Ihrer Familie dort erscheinen — und wenn der Tumult der Bachanten im lautesten

Jubel glüht, dann verlieren wir uns allmählig von dem Bal, und finden uns beim Sebastians-spital, wo die Post uns erwarten wird — Sophiens Reise nach Mainz bürgt uns für allem Verdacht.

Hauptmann. Und dann, mein Bruder! hin, wo Liebe in Glück, und Glück in Liebe uns erwartet —

Doran. Aber um alles in der Welt, nehmen Sie ja nichts zu sich, als was man gewohnt ist, täglich bei Ihnen zu sehen —

Hauptmann. Nichts als baares Geld —

Doran. Ich sorge für alles übrige — aber jezt, lieber Pfalzbach! wird es Zeit, daß Sie sich entfernen, sonst könnte Ihr allzulanges Verweilen Verdacht erwecken —

Hauptmann (sieht nach der Uhr) Wirklich nur noch einige Minuten zu sechs — (geht gegen die Seitenthür)

Doran (will ihn zurück halten) Was wollen Sie?

Hauptmann. Fragen Sie nicht gar, ob ich Sophien zu sehen wünsche? lassen Sie mich doch — (an der Seitenthür) Sophie... Nur einen Augenblick —

Sophie (unter der Seitenthür) Ich gab dir

mein Wort, Pfalzbach! nun muß ich zu allem entschloſſen ſeyn — Aber hier nichts mehr — Geh, und entſcheide —

Hauptmann (küßt ihr die Hand) So viel Liebe für mich — o ich träume für Entzücken —(ab)

Sophie (tritt hervor) Nur weiß ich noch nicht recht, wo wir uns hinwenden müſſen, mein Plan iſt Aachen oder Kölln, und dann Holland.

Doran. Haſt recht, in einer Reichsſtadt werdet ihr am leichteſten getrauet werden, da nimmt man es ſo genau nicht — Aber ich habe eine Neuigkeit, die doch auch . . . .

Sophie (ſchnell) O ſage — ich bitte dich —

Doran. Mein neuer Herzensfreund, Be=dorf, wird in einer Stunde hier ſeyn — Mit voller Vertraulichkeit ſprach er ſchon mit mir, und hat, ſeiner Ausſage nach, noch weit wich=tigere Angelegenheiten mir mitzutheilen —

Sophie. Das wäre ja ganz herrlich — O welche Gelegenheit, alles noch mehr zu ver=wirren —

Doran. Umſonſt ſoll er nicht hier gewe=ſen ſeyn — durch ihn muß ſo viel Zerrüttung in Pfalzbachs Familie kommen, daß ſie den Haupt=mann einige Zeit ganz vernachläßigen ſoll. Doch jezt iſt es Zeit, wegen deiner Reiſe Anſtalt zu machen—Wo iſt meine Frau? So=

Sophie. Schon einige Stunden, Gott sei Dank! bei den Paulinern, zur Beichte vermuthlich —

Doran. Dacht ich es doch gleich — Auch schläft sie so ruhig bei diesem Sturm, daß ich sie beinahe um ihre Grundsäze beneiden könnte—doch jeder muß ja mit seinem Talent à proportion wuchern .... . Wenn also Bedorf vor mir kommt, so machst du en attendant die Honneurs — (will gehen)

Sophie. Votra Servante (eine tiefe Verbeugung) doch höre .... ich wünschte, den Obristen noch zu sprechen —

Doran. Das finde ich sehr gefährlich. Nein, nur das nicht — schicke Hannchen zu ihm — (ab)

Sophie. Sehen muß ich ihn wenigstens noch — das giebt ihm wieder neuen Muth — in jedem Fall zu schweigen (ab)

Fünfter Aufzug.

Erster Auftritt.

Zimmer der Frau von Pfalzbach.

Frau von Pfalzbach. Der Hofrath. Hernach der Hauptmann.

Hofrath. So weit sind wir nun in Richtigkeit — Wilhelms eigentlicher Receß ist 80 Thaler; der Vorschuß für den Obristen mit 1500, und jener für den Fouragelieferanten mit 200 Thaler werden morgen unfehlbar zurück bezahlt werden. Aber ewig bleibt mir des Ministers edles Betragen so wie des Obristen kindliches Herz unvergeßbar —

Frau von Pfalzbach. Gott sei Dank! kann ich doch unserm ehrlichen Pachter, zu besserer Versorgung seiner Kinder, die Hälfte des jährlichen Pachtes erlassen. Wenn nur Wilhelm nicht so ganz von mir entfernet wäre — Aber ich fühle, ich habe ein Kind weniger — Ahndungen, dunkle Ahndungen nahender schwarzer Auftritten scheuchen alle Gefühle von Freude weit von mir — O Gott! ende nicht so schrecklich mit mir, oder gieb mir Stärke, daß meine Schwachheit mir jenseits des Grabes nicht nachhalle —.

Hofrath. War Wilhelm den ganzen Abend noch nicht zu Hause?

Frau von Pfalzbach. Noch sahe ich ihn nicht — ach lieber Karl! ich bin von allen Seiten von Elend und Unglück überfallen — da eine unschuldige Tochter der Raub eines tollkühnen Geschöpfes, zwar darf Bedorf ohne des Kanzlers Erlaubniß nicht von hier — aber wo er umherschwärmt, mich und meine arme Tochter zu verleumden, das weiß Gott — und dort Wilhelm ... O jezt fühle ich, wie der Anblick des Todes für eine Mutter schrecklich seyn muß, die in dem Schoos ihrer Kinder nicht sterben darf — und das wird mein Loos seyn — (weint — Wilhelm tritt auf)

Hofrath. Fassen Sie sich — mein Bruder —

Hauptmann (mit zurück gedrängter Bewegung) Was fehlt der Mama?

Frau von Pfalzbach (mit Ernst) Ich hofte dich eher zu sehen, Wilhelm!

Hauptmann. Wider Vermuthen wurde ich verhalten —

Frau von Pfalzbach. Erwarte mich hier, Wilhelm! ich habe Geschäfte. Komm, Karl! (ab mit dem Hofrath)

Zweiter Auftritt.

Der Hauptmann. Frau von Pfalzbach. Frau von Bedorf. Hernach ein Bedienter.

Hauptmann. Geschäfte mit dem Herrn Hofrath! Geheimnisse also für mich? . . . .

Guter Gott! bin ich dann nicht auch ein Kind?
.... doch tröſte dich, Wilhelm ... ſei immerzu Frembling im Hauſe deines Vaters ... denk an die Seligkeiten alle, die dich bei Sophien erwarten .... Freilich Beleidigung für mein Herz, daß meine Mutter für 80 Thaler in den Augen der Welt als einen Verbrecher mich hinſtellen läßt .... o das iſt zu deutlich alle Mutterliebe verleugnen, (ſezt ſeinen Huth auf, und ſtüzt ſich auf einen Seſſel) und doch, doch wünſchte ich, ſie nicht kränken zu müſſen. (ſchlägt ſich vor den Kopf) Elender Tropf — dieſer Gedanke beunruhige dich nicht — o ſchon zu lange biſt du aus dieſem Buche der Lebendigen vertilget — Iſt das — iſt das möglich? guter Gott!

Frau von Pfalzbach (im Hintergrund) So ganz in Gedanken? (tritt näher. Er ſchauet auf, und erſchrickt) Iſt es die Gegenwart deiner Mutter, die dir Schrecken verurſacht? das wäre bitter für mich .... ſo war es nicht in den Zeiten, wo ich mit meinem Freund Wilhelm um die Grabſtätte ſeines Vaters wallte, wo ich die einzige Freundin ſeines Herzens noch war — denk zurück, Wilhelm! es waren die Tage, als du zum Jüngling heran wuchſeſt — Wie heiter — wie ſo ganz innig froh lebteſt du da? Iſt es wohl noch ſo?

Hauptmann. Freilich hat sich nur zu vieles verändert — doch Sie befahlen mir, Sie hier zu erwarten.

Frau von Pfalzbach. So kalt abgebrochen, daß du mir zu dem wirklich nicht aufgelegt scheinest, wovon ich wünschte, daß du mit mir reden möchtest.

Hauptmann (schnell) Gilt diese Einleitung vielleicht meinen Rezeß? Meiner Familie soll dieser nicht zur Last fallen — Ich habe Freunde gefunden, die mich gegen jeden Zufall sichern — Wenn also mein Bruder mit seiner Advokatenzärtlichkeit für mich hierinn —

Frau von Pfalzbach. Diese Sprache also wagt mein Kind gegen seine Mutter — willst du meine Nachgiebigkeit ermüden, mein Herz misbrauchen — nur einen Schritt noch, und es ist vollendet — O Wilhelm! ich beschwöre dich — zwing mich mit dem Gedanken nicht zum Grabe; ich habe ein Kind gebohren, das unglücklich, durch seine Schuld unglücklich ist — Noch stumm — so nehme dich Gott in seinen Schuz, mich verkennst du, und ich verdiene es nicht um dich — (ab)

Hauptmann. Wie's hier so fürchterlich lärmt (deutet auf seine Brust) . . . . ich will ihr nach . . . . Nach? und all die Demüthigungen eines Büſſers auf mich nehmen? . . . und wofür? . . weil mein Herz Empfänglichkeit für Tugend und Schönheit hatte — Aber warum bin ich auch noch einmal hieher gekommen? warum mich all dem Sturm ausgeſezt? . . . O fort, fort . . . wo Liebe, Pflicht und Ehre rufen . . . Nur nicht mehr zurück geſchauet, ſonſt fühl ich, wer ich bin . . . lerne doch, Unentſchloſſener, lerne von einem Mädchen doch, dein Herz zur Unumſtößlichkeit eines Manneswortes ſtimmen. O Sophie, was biſt . . . was wirſt du mir (will abgehen)

Frau von Bedorf (tritt auf) Ah wohin, Bruder! die Mama weint bitterlich. O du mußt ihr hart begegnet ſeyn, und das verdienet ſie doch nicht.

Hauptmann. Hart begegnet? ich grif ihren Liebling an, aber für 80 Thaler iſt man auch nicht gern zur Schau ausgeſtellet — Andere Abſicht hatte doch Karl nicht, als er mir Geheimniſſe abzwang, die nicht mich allein betrafen, und die er wahr gemißbraucht —

Frau von Bedorf. Du weißt, lieber Wilhelm! wie ſehr ich alles wünſche, was frohe glückliche Stunden dir machen kann — Ein Tag gab uns beiden das Leben — Laß mir doch wenigstens den Trost, dich glücklich zu wissen, da ich es wohl nie werden darf.

Hauptmann. Du dauerst mich, gutes Weib! Frenzel! wäre Bedorf ein Mann, längst hätte ich deine Schmach geendet, oder müßte sie wenigstens nicht mehr mit ansehen —

Frau von Bedorf. Schweig, schweig mit deiner mörderischen Barmherzigkeit, so blutende Theilnahme verlangt mein Herz nicht — Nur lieber Bruder! nur beruhige die Mama — Ganz noch im Dunkeln ahnde ich Mißverstand — du sagtest von 80 Thaler Receß, von Mißbrauch deiner Geheimnissen, von öffentlichem Spott, dem man dich aussetze — .... schreiendes Unrecht; giftige Verleumdung; o Wilhelm! laß dich nicht übereilen — Sieh, Bruder! die Ruhe unserer Familie, das Leben vielleicht unserer guten Mutter, und das Glück eines unschuldigen Mädchens, das dich liebt — Verzeihe mir — ich sollte es nicht sagen, aber ich finde dich in so wilder Empörung, so aus aller Fassung, daß ich nichts weiß, was ich, um dich zu retten, nicht wagen würde.

Hauptmann. Nicht in diesem Haus spreche von Liebe —

Frau von Bedorf. Ich weiß, dein Herz ist nicht frei — Ich kenne Sophien nicht; aber warum entdecktest du dich der Mama nicht ganz — Bestimmtern Beweiß von ihrer Liebe, von ihrem Herzen weiß ich keinen . . . . du zauderst — o zaudere nicht, mir ist es immer, als rief eine freundliche Stimme dir Glück zu —

Hauptmann. Schwester! wage du diesen Schritt für mich! du liebest mich —

Frau von Bedorf. So wie vielleicht noch keine Schwester ihren Zwillingsbruder — Aber, Wilhelm! sei ein Mann, und sage mir — wird unsere Mutter den Abgang von Vertrauen nicht fühlen müssen — Nur dieses einzige noch —

Hauptmann. Das kann ich nicht —

Frau von Bedorf (fällt ihn um den Hals) So lohne deine Sophie dir den jezigen Schritt, wenn die Mama mit ihrem Seegen sie dir zuführt — Ich laß dich nicht — du mußt wollen — mache was du willst — mir entkömmst du nun nicht mehr —

Hauptmann. Deine Zärtlichkeit rührt mich bis zu Thränen — hast wohl recht — ich muß ja wollen — komm —

Dritter Auftritt.

Die Vorigen. Frau von Pfalzbach.

Hauptmann (ihr entgegen) Geben Sie mir Ihre Einwilligung, ich kann nicht mehr ohne Sophien leben — (will niederknien)

Frau von Pfalzbach. Nicht zu meinen Füssen, in meinen Arm, an meine Brust gehören meine Kinder; oft ruhtest du hier, Wilhelm! und heute schwoll dieses Herz das erstemal von Kummerthränen — doch es ist verziehen — glücklich will ich dich sehen — wähle also selbst, wähle allein, denn für dich wählest du. Rechtschaffenheit sei vorzüglich dein Augenmerk — Laß dich nicht durch den schwelgenden Eindruck flüchtiger Sinnlichkeit zu einem Schritt hinreissen, der unwideruflich ist — Willst du aber bei diesem entscheidenden Augenblick meinen Rath; — so zeige mir das Mädchen, das du wählest — Ich will ihre Freundschaft zu gewinnen suchen, und sie prüfen —

Hauptmann. O meine Mutter! Sie werden Sophien gewiß lieben; o sie verdienet so sehr glücklich zu seyn —

Frau von Bedorf. Wer von uns beiden hat nun recht, lieber unbändiger Schwärmer! auf dem Bal giebt es heute sicher Gelegenheit, dein Mädchen kennen zu lernen —

Frau von Pfalzbach. Der Abend fängt an ruhiger zu werden, jezt dich noch getröstet, Frenzel —

Ein Bedienter. Zur Tafel, gnädige Frau!

Frau von Pfalzbach. Kommt Kinder — sei standhaft — reichhaltiger belohnet sich nichts als unverdientes Leiden. —

Hauptmann. Und ich dem so nah, was Glück für mich heissen kann, (führet Frau von Pfalzbach bis zur Thüre) nur erlauben Sie mir einen Augenblick, Mama! (Frau von Pfalzbach und Frau von Bedorf gehen ab, er lauft zurück, und schellt) O Sophie! welche Veränderung — Nun wirst du mit aller Glorie mein. (ein Bedienter) Hat er meinen Hof nicht gesehen?

Bedienter. Er gehet so eben aus Ihrem Zimmer die Treppe hinunter.

Hauptmann. Sage er ihm doch, er solle gleich hieher zu mir kommen. (Bedienter ab) Warm sollst du die frohe Nachricht erhalten, Sophie! (nimmt aus seiner Brieftasche ein Blätchen Papier, und schreibt mit Bleistift) zu siegeln brauche ich es nicht, lesen kann der Kerl ja nicht, und ist zu treu, es aus der Hand zu geben — (Hof kommt) hier, lieber Alter! hier ist ein Briefchen für Sophien —

Hof. Für wen?

Hauptmann. Für Sophien, gehe — nun ist alles richtig, meine Mutter willigt ein

Hof. Die gnädige Frau?

Hauptmann. Ja, ja, gehe nur, es eilet, ich bitte dich.

Hof. Ist dann das Briefchen von der gnädigen Frau an —

Hauptmann. Nein, von mir, sage ich dir — aber gehe jezt —

Hof. Sie wissen, Herr Hauptmann! daß ich alles in der Welt lieber thun würde, als in dieses Haus zu gehen —

Hauptmann. Hof — den Augenblick den Brief besorget — oder wir sind geschieden —

Hof. Gut, Herr Hauptmann — den Brief besorge ich, nehme aber die Aufkündigung zugleich an —

Ein Bedienter. Man erwartet Sie zur Tafel.

Hauptmann. Ich komme — den Brief besorgt (ab)

Hof. Ist der Hofrath bei Tische, Johann!

Bedienter. Nein, er arbeitet auf seinen Zimmer (ab)

Hof. Nun kann ich doch dem Hofrath den

Zettel zeigen, der muß auch von dem Jawort der gnädigen Frau was wissen — und ist es wieder nichts mit diesem Jawort, so thue ich am besten, wenn ich zu meiner Schwadron zurück gehe, dann so ist unser Hauptmann verlohren, und unser einer könnte am Ende noch gar selbst Gefahr laufen. (ab)

Vierter Auftritt.

Sophiens Zimmer.

Sophie. Doran.

Doran. So gut alles angelegt ist, so sicher ich meines Versuches mit Bedorfen bin, so gestehe ich dir doch, daß es mir manchmal wegen dem guten Ausgang schwindelt — Gegen Bedorfen mußt du die Schüchterne spielen, nicht den Namen Pfalzbach nennen, und überhaupt eine Nebenrolle haben.

Sophie. Alles nach deinem Wink —

Doran. War Hannchen beim Obristen?

Sophie. Ja — ich aber auch —

Doran. Wie? du wärest auch bei dem Obristen gewesen? Sophie! ist es möglich? daß du dich so weit vergessen — habe ich dir nicht so deutlich noch gesagt, diesen Schritt nicht zu wagen. — und wie weit haſt du dich gegen ihn heraus gelaſſen —

Sophie. So weit meine Mainzer Reiſe mir Vorwand dazu gab — Doch ich will dir gar nicht leugnen, daß ich den Obriſten vermuthen ließ, Pfalzbach würde mich bis gegen Frankfurt incognito begleiten —

Doran. Immer — immer ſchöner — o ich Dummkopf — (geht haſtig auf und ab) Wäre die Sache nicht ſo weit, ich ließ dich deinem Schickſal über .... ich hätte dich eher für fähig gehalten, in ein Kloſter zu gehen,

Sophie. Warum — was tobeſt du?

Doran. Frag noch — weil dieſer einzige Schritt unſern ganzen Plan ſtürzen kann und wird —

Sophie. Vollkommen die Sprache eines Arztes, der jede Krankheit für tödlich auspoſaunet, um gröſſern Namen oder Nuzen ſich zu verſchaffen — Laß mich doch auch hie und da auf mein gutes Glück ein wenig ſündigen, und vergeſſe nicht deinen Lieblingsgrundſaz: zu viel weinerliche Aengſtlichkeit beleidiget das Schickſal —

Doran. Noch leichtſinniger — Wie iſts dann? wenn der Obriſt Mißbrauch von deiner Offenherzigkeit, Mißbrauch von deinem Geheim-

von? (reden leise zusammen) Sage er dem Herrn Hauptmann, ich wünschte ihn, so bald als möglich, zu sprechen — Hier, etwas für seine Mühe.

Hof. Ich nehme nichts — (geht ab).

Doran. Zeige doch einmal — (liest) „Nun „wirst du vor den Augen der Welt und mit dem „Seegen meiner Mutter mein — Gleich nach Tisch bin ich bei dir — (steht in Gedanken)

Sophie. Warum so ernsthaft?

Doran. Pfalzbach ist ein Tölpel . . . der durch leere Versprechungen sich zu allem beschwatzen läßt — das gehet nicht an — fort müßt ihr immer, und seid ihr nur getrauet, dann entwickelt sich das Ganze schon.

Sophie. Das ist auch mein Gedanke — und so muß es bleiben. Wenn es dir mit Bedorfen nur gelingt. — Nimm deine fünf Sinne zusammen, und sei ein Mann.

Doran. Still, still . . . vermuthlich Bedorf — Gehe in dein Schlafzimmer, da wirst du unser ganzes Gespräch selbst hören, und den Gebrauch ermessen können, der bei Pfalzbachen dir der nützlichste seyn wird — . . . Noch eins, haben wir noch Burgunder zu Haus . . . ein Gläschen macht Courage — also sorge dafür —

(Sophie gehet ab, ihr begegnet)

Fünf=

Fünfter Auftritt.
Herr von Bedorf. Die Vorigen.

Doran (umarmet ihn) Bravo. Das heiß ich Wort halten — Das ist meine Schwägerin

Bedorf. Es freuet mich unendlich, Sie näher kennen zu lernen, da ich erst gestern noch Ihre vorzügliche Talenten in Emilien Galotti bewunderte —

Sophie. Ich bestrebe mich mehr zu thun, und das allein kann diese gütige Nachsicht verdienen —

Doran. Besorge, Sophie! was ich dir sagte — (Sophie ab)

Bedorf. In allem Betracht ein verdienstvolles Mädchen . . . so sittsam —

Doran. Das ist wahr — allein bei all ihren guten Eigenschaften bloß Schauspielerin — Ich sollte sie nicht loben — aber so viele männliche Denkkraft fand ich bei keinem weiblichen Geschöpfe noch — In den drei Jahren, die das Mädchen seit dem Tobte ihrer Mutter bei mir im Hause ist, habe ich einen Cours de Philosophie & de Rhetorique mit ihr durchgemacht — Es war mir herzliches Vergnügen, durch mein dermaliges Lehramt meine alten Jesuitenjahre zu erneuern — Auch habe ich alle Ursach mit mei-

H

ner Schülerin zufrieden zu seyn — Nur wünschte ich, Sophiens Bestimmung ändern zu können — Gestehen Sie, Herr von Bedorf — in der Welt giebt es keinen Stand, der mehr Gefahren ausgesezet ist, als das Theater — besonders für ein junges schönes Mädchen —

Bedorf. Ich verehre jeden Stand, aber ich gestehe Ihnen frei, daß wehn ich selbst Schauspieler wäre, ich keine Schauspielerin zur Frau wählen würde . . . . (schlägt sich vor die Stirn) Doch was sage ich Elender von Weibern — Ich komme zu Ihnen, mit dem frohen Erwarten, in Ihrer Gesellschaft Zerstreuung, und meine gute Laune wieder zu finden, an nichts weniger, als etwas weibliches zu denken — Der erste Eintritt in Ihr Haus stellt mir ein ganz vortreffliches Mädchen vor's Auge, und dieser Anblick einen äusserst unglücklichen Vergleich mit diesem sanften Geschöpfe und meinem Weibe.

Doran. Liebe, Her Bedorf! Liebe nährt sich von Zänkereien — sanft wie Sophie . . so, und noch hundert mal reizender stand Ihre Gemahlin am Brautaltar —

Bedorf. Nie schlug ihr Herz für mich . . . für den Prinzen . . . o der Gedanke überschreiet alles Gefühl —

Doran. Das ist zu viel — Sie vergessen,

daß ohne wechſelſeitiges Zutrauen das Glück jeder Ehe verdorben iſt.

Bedorf. Zutrauen, mein Freund! iſt Folge biederen Betragens . . . . . und — o laſſen Sie mich ſchweigen —

Doran. Unkundig in dem zeitherigen Gang einer Geſchichte, von der Sie ſprechen — unbelehret über das dermalige Betragen ihrer Gattin, kann ich hierauf nichts antworten — Nur bitten will ich Sie, das Glück einer liebenswürdigen Frau jedem Schatten von Argwohn, jeder Anwandlung von Uebereilung und augenblicklichen Eindrucks nicht aufzuopfern — Noch mehr . . . . wir leben in einem Zeitalter, deſſen aufgeklärter lichter Ton jedem Mann vom Stande zur Hauptpflicht macht, an das, wie ſeine Frau als Fräulein lebte, nicht zu denken, und beſſer, als ſonſt ehrliche Leute in der gröſſern Welt muß man auch nicht behandelt ſeyn wollen — Alſo, mein Freund! nur eine Doſin philoſophiſcher Kaltblütigkeit — und dann lebt ſich's ganz ruhig.

Bedorf. Kennen Sie denn meine Frau?

Doran. Mais par Dieu — als Fräulein von Pfalzbach ſchon ſahe ich in ihr eine unſerer erſten Tänzerinnen auf den Bälen.

Bedorf. Eben diese Bâle waren der Anfang dieses Romans mit dem Prinzen, sahe man sie wohl mit sonst jemand tanzen? —

Doran. Sie wissen, ich brachte die Cotillons hieher, der Prinz fande Geschmack daran, und erlaubte mir, in dem Hotel der französischen Gesandtin sie ihm zu zeigen, da gabs nun alle Abend, wenn nicht Cour war, einen kleinen Gesellschaftsbal, wo nun freilich Fräulein von Pfalzbach nicht vergessen wurde — Auch muß ich sagen, sie tanzte mit so viel Grace, mit solch glühendem Vergnügen, mit so ganzer Seele, daß ich sie den ersten Tänzerinnen von Paris zur Seite gestellet haben würde, und dieses Verdienst mit den übrigen Vorzügen ihrer Person vereiniget war zu abstechend, zu hervorleuchtend über alle Balgrazien — daß der Prinz wahrhaft keine Augen müßte gehabt haben —

Bedorf. O daß ich meine Frau nie gesehen! —

Doran. Herr von Bedorf! Sie fragen mich als Freund und Mann; darf und kann ich Ihnen also etwas verschweigen? Jezt aber, da ich Ihnen alles sagte, was Sie im Argwohn einer ehmals nähern Bekanntschaft Ihrer Gemahlin mit dem Prinzen stärken könnte, jezt erlauben Sie mir auch Ihnen zu bemerken, wie sehr der

Neid der übrigen Damen jeden Schritt und Tritt Ihrer Frau nachspähete, jede Höflichkeit des Prinzen zum Beweiß entschiedener Liebe verkezerte, jeden Blick von Ehrfurcht, den Ihre Gemahlin dem Prinzen vielleicht ganz von ohngefehr gab, als das Signal eines rendés vous aufhobe — und da war die Gesandtin die erste, die Ihre Gemahlin auf das freundschaftlichste lästerte — So zum Beispiel erinnere ich mich, wie von gestern noch — der Prinz hatte ein prächtiges Bouquet von italiänischen Blumen und Brüsseler Kannten seiner Tänzerin bestimmt; Sie schlug es dem Kammerherrn zweimal, und endlich dem Prinzen selbst ab — doch wollte der Prinz durchaus das Fräulein von Pfalzbach bei der nächsten Schlittenfahrt damit gezieret sehen, vermuthlich, um der Gesandtin einen honnetten Nasenstieber zu geben. Ich war vom Geheimnis, und kam auf den Gedanken, das Bouquet durch eine Lotterie unter den Damen auszuspielen zu lassen. Das geschahe, und durch wohl eingerichteten Zufall bekam das Fräulein das Bouquet — das schlug Lermen über Lermen — alle schrien sich in's Ohr, das Schnupftuch ist geworfen — der Anblick war aber auch Geld werth, als das Fräulein aus den Händen des

Prinzen das Bouquet nahm — Ein wahres
Ideal zu einem Marienbild bei der Nachricht
des himmlischen Bothen —

Bedorf. Je mehr ich nachdenke, je mehr
fühle ich, daß unter dem Brief, den ein Offizier meiner Frau geben wollte, ein Geheimniß
verborgen war —

Doran. Wer war dieser Offizier? —

Bedorf. Der Marchese Candreli! —

Doran. Marchese Candreli — Hm, hm...
wie doch manche Menschen in der Welt so unglücklich sind, daß alle Anscheine in einem Moment zusammen treffen müssen, diesen oder jenen strafbar zu machen, oder doch wenigstens
vermuthen zu lassen.

Bedorf. Wie verstehen Sie das? Reden
Sie doch frei — .... so zurückhaltend.

Doran. Nichts weniger, als zurückhaltend, lieber Bedorf! es fiel mir nur äusserst auf,
daß eben der Marchese —

Bedorf. O ich sahe ihn schon öfters im Gefolge des Prinzen —

Doran. Das ist es . . . nicht allein im Gefolge . . sondern der nemliche, der Ihrer Gemahlin das Bouquet auf Befehl des Prinzen bringen mußte, wovon ich Ihnen den Augenblick
erst die Geschichte erzählte —

Bedorf. Also ein Vertrauter — O jezt zweifle ich nicht mehr — Auch ist der Marchese schon Staabsoffizier, und in unserm Dienst wäre es eine blendende Erscheinung, daß ein Staabsoffizier für einen Subalternen so viel warme Freundschaft hätte — O könnte ich doch hierinnen ganz sicher mich stellen.

Doran. Ich bedaure Sie, bester Freund! nicht als glaubte ich Ihre Gemahlin strafbar... Nein! o nein! das nicht — aber daß Sie diesem Argwohn so viel Gewalt über sich gelassen, das ist hart — freilich sehr hart .... doch auf der andern Seite stelle ich mich auch wieder auf Ihren Plaz, und fühle —

Bedorf. Daß ich verrathen bin .. O ich morde sie mit eigner Hand —

Doran. Ho ho, gemach —

Bedorf. Rathen Sie mir — (Doran zuckt die Achseln) Rathen Sie mir! oder ich fange da an, wo es dem größten Missethäter reuen müßte, geendet zu haben ... Rathen Sie mir —

Doran. Lieber Bedorf! alles, was ich im Stande bin, trage ich zum Glück meiner Freunde willig bei, aber seien Sie billig .... es ist ganz unmöglich, daß ein ehrlicher Mann in einer Sache aus dem Stegs reif weg rathen kann, wo so heilig nahe Interessen sich zu durchkreuzen, und glühende Rache, oder Abbitte im Bußkleide zu verdienen scheinen — . . . Lassen Sie mir wenigstens Zeit, mich zu fassen, und alles reif zu überdenken. . . . heitern Sie sich auch auf — Ich will Sophien rufen — das Mädchen ist zwar sehr schüchtern, aber ein Dritterer verändert doch immer Lage und Gespräch (ruft) Sophie — (sie kömmt) bringe uns eine Flasche Burgunder — wir haben uns ganz trocken geschwazt — Aber bringe sie uns selbst. (Sophie ab)

Bedorf. Ich darf nicht trinken — bin zu sehr in Wallung —

Doran. Oder befehlen Sie sonst —

Bedorf. O ich danke für alles — helfen Sie mir —

Doran. Seien Sie ruhig — ich denke sicher an Ihre Lage, wie an meine Seligkeit . . . .

Sechster Auftritt.

Sophie. Doran und Bedorf.

(Sophie kommt mit Wein und Gläsern.)

Doran. Aha, eben recht — schenk ein,

Mädchen! Nun, Herr von Bedorf! werden Sie doch nicht abschlagen.

Sophie. Dörfte ich bitten?

Doran. Allons — kosten Sie nur .... ächt ist er, dafür stehe ich . . . . . Auf die Gesundheit unserer Kellerin (trinken beide) Ich bin zwar ein Franzoß, finde aber so viel Herzliches in dem Gesundheittrinken, daß ich meinen Landsleuthen wahrhaft gram bin, einen so lieben Gebrauch verscheucht zu haben —

Bedorf. Eine Höflichkeit für Deutschland.

Doran. Warest du beschäftiget auf Morgen? à propos welches Stück?

Sophie. Der deutsche Hausvater?

Bedorf. Und ihre Rolle?

Sophie. Die Gräfin von Monheim, eine meiner Lieblingsrollen.

Bedorf. Beweiß Ihres trefflichen Herzens.

Sophie. Besonders der Auftritt von Mann und Frau mit dem Kind, wo der Dichter in väterliches Gefühl ganz aufgelößt die Allmacht der Natur so treu schildert — Ich bin keine Kennerin, fühle aber unaussprechlich viel für dieses Meisterstück . . . jede Rolle so voll ausgerundet — das Interesse des Ganzen so thätig geschonet, der Zuschauer und Schauspieler ohne den

Eckel der Ueberſättigung in ſehnender Erwartung bis ans Ende geſpannt — O ich bin mit Begeiſterung dafür eingenommen —

Bedorf. Ich irre doch nicht; es iſt das erſtemal, daß es hier gegeben wird —

Sophie. Auf dem Hoftheater ja das erſtemal, aber wir erhielten es von dem Herrn Verfaſſer noch als Manuſcript, und führten es auf dem Haustheater der franzöſiſchen Geſandtin auf . . Bei dieſer Gelegenheit machte ich die Bekanntſchaft Ihrer Frau Gemahlin.

Bedorf. War dieſe auch dabei — ſpielte wohl gar mit?

Sophie. Ja, Lottchen, — ich war die Gräfin Stella, damals noch Amaldi — und die Geſandtin hatte meine jezige Rolle —

Bedorf. War der Geſandte auch . . . . .

Sophie. Ohne Zweifel, und jedermann war mit dem zwangloſen Anſtand und Theatralwürde zufrieden, womit er den Hausvater ſpielte — Der jezige Obriſt von Zinnerthal, Sohn des Miniſters, war Ferdinand, und

Bedorf. Graf Karl?

Sophie. Der Prinz — auch ganz vortrefflich — lauter Beifall, froher Zuruf und Thränen der ſeligſten Theilnahme im Auge des Fürſsten — Besonders bei zweien Auftritten — einmal wo Lottchen ohnmächtig wird, und Karl sie mit zurückgezwängter Empfindung in seinen Arm schließt . . . O ganz Natur . . . . und dann

Bedorf (in sichtbarer Bewegung) Verzeihen Sie, daß ich . . . . nicht länger . . . . . Doran. (winkt Sophien abzugehen)

Doran. Das heisse ich doch Kunstgefühl, wenn ein Mädchen so gar die Stunde ihres Baltoillets versäumt —

Sophie. Du weißt, Doran! wie wenig ich zu all diesen lermenden Ergözlichkeiten gestimmet bin — Ein schönes Buch, vertraulicher Umgang mit Leuten, bei denen ich lernen kann — das sind meine Idealen von Glück — doch muß man zu Zeiten auch dem Geist der Gesellschaft seinen eigenen Willen aufopfern — Auch ist mein Puz für heute sehr klein. (ab)

Doran. Ich war ganz aufgebracht über die seltsame Wendung, wodurch ihr Gespräch von dem entferntesten Gegenstand auf einmal so wider alles Vermuthen auf Ihre Gemahlin kam — und mit Umständen kam, die in dem jezigen Augenblick sehr bedenklich Ihnen scheinen müssen —

Bedorf. Bei mir steht alles auf dem Spiel! . . . überzeugenden Beweiß also für oder wider meine Vermuthung muß ich haben — bin ich verrathen? dann soll —

Doran. Freund, Freund! wir haben mit einem Mann zu thun, der bald unser Herr werden kann, also ist Mäßigung und die äusserste Vorsicht unentbehrlich —

Bedorf. Wer darf, Fürst oder nicht Fürst die heilige Geseze häuslicher Ruhe frech verlezen?

Doran. Vom dörfen ist hier die Frage nicht. Wer kann, thut was er will, und an Vorwand zu den gerichtlichsten Entschuldigungen kann es in dieser Welt nicht mehr fehlen, seitdem die Jesuiten ihre philosophische Sünde erfanden — Nein, mein lieber Bedorf! klüger handelt man immer, wenn man sich so zu drehen weiß, daß der Rücken frei bleibt — freilich gehöret hierzu ein Geist, der frei, oder wenigstens doch Herr und Meister seiner Leidenschaften jeden glücklichen Augenblick zu benuzen weiß — das können Sie nun nicht, müssen also einen Freund haben, der für Sie zu handeln; Herz und Kopf hat —

Bedorf. O zu so viel unerträglicher Schmach hast du mich hinab gestürzet, Unwürdige! . . . .

Doran. Das übelste in Ihrer jezigen und künftigen Lage vorausgesezt, würde ich Ihnen rathen, ein Mittel auszudenken, wodurch das Ganze aus der Wurzel gerissen würde —

Bedorf. O Doran! seien Sie mein Führer — all mein Vorsaz ist Mord . . . . .

Doran. So weit geht in keinem Fall Ihr Recht, also hier noch weniger, wo ein Prinz ins Spiel tritt — das äusserste, wozu ich rathe, ist, wenn Sie Ihre Frau strafbar finden, ohne viel Prozeß in einen Wagen sie gepackt, und fort in ein entferntes Kloster — so hat die ganze Historie auf einmal ein Ende, und, wenn's geschickt angegriffen wird! fordern Sie noch oben drauf Ihre Frau von Ihrer Schwiegermutter zurück — hier gilt diese modeste Formalitätslüge schon —

Bedorf. Alles recht, aber wo ist die Gelegenheit, meine Frau auf diese Probe zu stellen? ich gehe nicht mehr in das Haus.

Doran. Giebt nicht der heutige Bal die herrliche Gelegenheit — Zum Beispiel, ich wage es, Ihrer Frau einen Brief anzubiethen, als käme er vom Prinzen — Sie, lieber Bedorf! Sie bleiben äusserst vermumt nahe bei mir — sehen den Erfolg selbst — Nimmt sie den Brief an, dann verdienet sie Strafe — nimmt sie ihn nicht an, was ich gewiß glaube, so habe ich das Vergnügen, durch einen Freundschaftsdienst eine Versöhnung erwürkt zu haben, die auf meinem Sterbebett mich noch trösten wird—

Bedorf. So komme ich endlich zum Licht—

Doran. Mich werden Sie gleich an meiner weiß und grünen Feder erkennen — also richten Sie sich —

Bedorf. Eine fürchterliche Stunde für mich . . . . o welcher Dank ersezet Jhnen —

Doran. Dank unter Freunden — o fi donc Bedorf! in meinen Augen giebts keinen Dank für meinen Freund, als wenn ich ihm bald wieder Gelegenheit schenke, mir dienen zu können—

Bedorf. Auf wiedersehen — (ab)

Sophie (unter der Seitenthür) Darf ich jezt kommen?

Doran. Nur zu — trefflich hat alles gewürket — hast doch hoffentlich von der Unterredung nichts verlohren, womit ich Bedorfen regalirte — wenn also Pfalzbach kommt —

Sophie. Für diesen sorge ich — Aber verzeihe mir, immer stößt mir ein Zweifel auf, der dein ganz christliches Plänchen mit einem Zug matt machen kann —

Doran. Laß doch hören —

Sophie. Wenn nun Frau von Bedorf deinen Brief nicht annimmt?

Doran. Du hast recht, Sophie! . . . . . ja, hier muß ein für allemal durchgesezt werden —

Also sinne auch du der Sache nach.—Ich habe noch
so manche Bestellungen zu machen —

Sophie. Bleibe nicht zu lange auſſen —

Doran. So bald das nöthigſte gethan iſt,
bin ich wieder bei dir — (ab)

Siebenter Auftritt.

Sophie. Hannchen. Hauptmann.

Sophie. Nun nahet eine groſſe Stunde
für mich — (ruft) Hannchen (Hannchen kömmt mit
einem dreiflechtigen Zopf, der mit einem Kamm hinauf
geſteckt iſt, ledernen Beinkleidern, trilligenen Kamaſchen,
und einem grünen Wams) Ah! ſieh doch, ſtöhrte
ich dich wohl gar an deiner Zigeunertoilette.

Hannchen. Ach! das war geſchwind ge-
ſchehen —

Sophie. Du ſiehſt aber herzig aus —

Hannchen. Scherzen Sie noch? meine
Weibskleider muß ich aber bei mir haben — ſonſt
ſtünde ich es bei dieſer grimmigen Kälte nicht
aus —

Sophie. Schäme dich — als Zigeuner mußt
du im Schnee ſchlafen und ſchwizen —

Hannchen (zittert vor Kälte) Zum Männer-
raub geſchickter.

Sophie. Schweige, kleine loſe — ſtill.....

siehe zu, wer kömmt, ist's Pfalzbach, so.lasse uns allein. (geht gegen Ihr Kanapee)

Hannchen (öfnet die Thür) Gott Lob! daß Sie es sind, Herr Hauptmann, gehen Sie geschwind, ich will etwas zum anstreichen bringen—

Hauptmann (lauft zu Sophien) Was ist dir? rede . . . welch schnelle Veränderung?

Sophie. Beruhige dich — es ist vorüber, Gott sei Dank — (springt auf, und küßt ihn) also ewig unser — o welcher Augenblick, Pfalzbach! — umsonst kämpft gegen meine Freude der schwärzeste Argwohn, die partheiligste Vermuthung...

Hauptmann. Wozu aber jezt noch Argwohn?

Sophie. Ich weiß nicht, warum der Gedanke mir immer aufsteigt — als verrathe die ganze Verfahrungsart deiner Mutter verkappte politische Windbeutelei — und diese äusserste Willfährigkeit seie nichts als Versuchung gewesen, zu sehen, wie weit du dich vergessen würdest —

Hauptmann. O glaube das nicht, Sophie!

Sophie. Wenn du willst, ja Wilhelm! aber dich verlieren, in dem Augenblick verlieren, wo ich deinem Besiz so nahe war, wenigstens durch meine Schuld nicht. Ich will für dich das wagen, was in meinen Kräften ist — Du findest meine Furcht ungegründet — gut, ich glaube be dir, du mußt deine Mutter besser als ich kennen; . . . aber trügt mich meine Ahndung nicht — verlier ich dich . . . dann gehe die Sünde meiner Blutschuld mit dir vor Gottes Gericht —

Hauptmann. Mäßige dich, Sophie! du gehest zu weit —

Sophie. Ich liebe dich . . . . . braucht's mehr, wenn du fühlen kannst, wie ein Weib liebt (druckt ihn fest an ihre Brust) o Wilhelm! (fällt auf ihr Kanapee zurück)

Hauptmann. Bei Gott dem Allmächtigen fasse dich, Sophie — sage nur, woher dies fürchterliche Mißtrauen?

Sophie. So eben verläßt Bedorf meinen Schwager — ich war in meinem Schlafzimmer, und hörte, daß dein Bruder, der Hofrath, Bedorfen so gar mit aufruft, dich von deiner Schauspielerin zu trennen —

Hauptmann. O lache dieser elenden Drohung! mich von dir entfernen?

Sophie. Lache, wer kann! Nicht wahr, Wilhelm! ohne den Blendschein der so vorsichtig verklauselten Beistimmung deiner Mutter zu unserer Verbindung wäre ich morgen dein — und jezt hangt Glück und Unglück von dem Ausspruch einer Frau ab, die gewiß eine andere Sat-

J

tin dir wünschet, mithin Verzug auf Verzug
wälzen, und unter der Hand all die Mienen
wird springen lassen, die unsere Herzen verstim-
men können — Sieh Wielhelm! Morgen könnte, morgen würde ich dein Weib seyn, und jezt
vielleicht . . . . o gewiß nie —

Hauptmann. Trau doch auf mein Wort.

Sophie. Auf welches?

Hauptmann. Wie fragst du? Verdiene
ich Kränkung?

Sophie. O nein! aber verdient der Ausdruck meiner Liebe Ausdeutung . . . . doch ich
will alles . . . Nein, ich kann es nicht wollen — kann jezt schon den Triumphblick nicht
ertragen, womit deine Mutter über mich hintro-
zen wird, wenn sie dich mir wird entrissen haben —

Hauptmann. Du quälest mich, Sophie!
nie wird meine Mutter —

Sophie. (schnell einfallend) Dich mir geben
wollen . . . . bedenke doch, welche Mittel dein
kluger Bruder, der Hofrath, noch hat . . . . .
Unmöglich, Wilhelm! kann Arglist und Fal-
sches unter deinen Worten seyn — also überführe
mich meines Irrthums, oder glaube mir —

Hauptmann. Sollte meine Mutter mich
so zu hintergehen suchen?

Sophie. Wer sagt dann, hintergehen; wahrscheinlich hat deine Mutter für ein reiches Fräulein dich bestimmt — ich komme ihr also querfeld durch ihren Plan, stöhre ihre mütterliche Absicht, nach ihren merkantilischen Begriffen recht glücklich dich zu versorgen — Ich verzeihe ihr, wenn sie alles anwendet, ihr Ziel unserer Trennung zu erreichen, aber eben so gut sei es auch mir erlaubt, mich zu vertheidigen, oder wenn es doch seyn müßte, dich freiwillig abzugeben — Jezt gehe — (will fort)

Hauptmann. O bleibe, Sophie! bleibe—

Sophie. Wofür? mich noch unglücklicher zu machen? ist vielleicht deine Mutter in der Nähe, der du mit meiner Demüthigung eine Lustscene machen willst . . . . Welcher Abstand? ist das mein Loos? Wilhelm . . . . (weint)

Hauptmann. O dich weinen sehen . . . .

Sophie. Ich weiß, was ein Mädchen sich selbst schuldig ist, aber auf dem Punkt, wo ich stehe, das grosse Spiel um Glück, Ehre und Leben wagen, für dich Undankbarer wagen, da giebt es keine Pflichten mehr für mich, als das, was dich mir erhalten kann; siehe, Wilhelm! das ist Liebe, wie du sie mich lehrtest, . . . alles ist dein Werk . . . Jezt gehe zurück.

Hauptmann. Sei ruhig, ich kann dich
nicht leiden sehen — Mein Herz empöret sich.....
Auf Gott und Ehre; es bleibt bei meinem Wort:
Heut Nacht entfliehen wir — Jezt gehe ich nach
Hause, packe von baarem Geld zusammen,
was ich habe — und bin nach zwei Uhr am Sebastiansspital.

Sophie. Nur keinen neuen Versöhnungs-
vorschlag mehr mit deiner Mutter — Glaube,
lieber Wilhelm! habe ich dich einmal, dann soll
deine Mutter die zärtlichste, die gehorsamste
Tochter an mir finden — Aber jezt ... zür-
ne mir nicht .. Jezt kann ich unmöglich trauen
.... Es gilt dich — und da wird jeder Schatten von Argwohn Gewißheit, jede Wolke Gefahr — o wenn du so glühend lieben könntest ...
lange schon wärest du mein — Aber sind wir
nur getrauet, dann werfen wir uns deiner Mutter zu Füssen; Liebe entschuldiget vieles, und
bei ihr noch mehr, wenn sie die gute Mutter ist,
wofür du sie hältst — Auch sind Eltern von der
Vorsicht wahrscheinlich zum Verzeihen erschaffen,
besonders wenn man auf ihre Barmherzigkeit
sündiget.

Doran (kömmt) Fort bien, daß ich Sie noch
antreffe, Pfalzbach! kann ich doch hören, zu
was ihr beide euch entschlossen —

Sophie. Zu dem, was Liebe und Furcht einer nahenden Trennung von uns verlangen.

Hauptmann. Je mehr ich nachdenke, je mehr finde ich in der haftigen Bereitwilligkeit meiner Mutter zweckmäßige Beförderung zu dem Vorhaben meines Bruders uns zu trennen —

Doran. An ihrer Stelle würde ich auch so gehandelt haben — Gegeben war einmal das Wort, also, ob Ihre Mama heute oder morgen, freiwillig oder ein wenig gezwungen Ja sagt — das kömmt auf eines heraus — hievon nichts mehr — Aber, lieber Pfalzbach! wie werden Ihre Damen auf dem Bal erscheinen? Ich frage nur, damit Sophie und ich auf allen Fall gesichert sind —

Hauptmann. Meine —

Doran. Schwester.

Hauptmann. Nun meine Schwester hat einen weissen venetianischen Mantel, schwarze Bagute, und einen Huth mit weisser Feder und Kokarde — Ich sahe bei dem Fortgehen von Hause, daß sie ein blau atlassenes Kleid zurichten ließ, und Minnchen wird —

Doran. O das Fräulein und Ihre Frau Mutter kenne ich unter Tausenden, nur fürchtete ich Ihre Schwester — à propos, nicht vom

Sebaſtiansſpital, ſondern vom alten Pulver-
thurn, ohnweit des Bergthores, werden wir
abfahren — dorthin iſt alles beſtellet — alſo
nach zwei Uhr — aber jezt, lieber Pfalzbach!
entfernen Sie ſich.

Sophie. Ja, gehe zu deiner Mutter zurück,
damit kein Argwohn uns ſchaden könne (Pfalzbach küßt Sophien die Hand, und geht ab) aber warum erkundigteſt du dich ſo pünktlich wegen der
Frau von Bedorf?

Doran. Sieheſt du meine Abſicht nicht ein—

Sophie. Ich vermuthe ſo etwas von Bedorfs
Auftrag und Brief.

Doran. Ich fande deine Warnung vorhin
gegründet; nimmt Frau von Bedorf meinen
Brief nicht an, ſo ſind wir in Gefahr, verrathen zu werden — Als kluge Leute müſſen wir
alſo noch ein Mittel in petto haben, das uns
wider jeden Zufall ſchüzet . . . . du haſt doch
auch ein blau atlaſſenes Kleid —

Sophie. Ja, wozu?

Doran. Hat meine Frau ſchon Kleider von
dir getragen?

Sophie. O ja.

Doran. Nun komme, es wird ſich ſchon zeigen — Wenn Pfalzbach zu Hauſe ſich nur nicht
verdächtig dadurch macht, daß er viel einpackt—

Sophie. (schnell einfallend) Auſſer baarem Gelde nichts — und dieſes ſchicke ich von der nächſten Station ſeiner Mutter zurück, dadurch bekomme ich von aller Welt den Namen eines uneigennüzigen Mädchens, deſto mehr Entſchuldigung für unſern Fehler —

Doran. So, bravo — das heißt ſeinen Plan in jeder Handlung, in jedem Schritt treu bleiben — Aber, aber —

Sophie. Du haſt noch etwas auf deinem Herzen — biſt wider Willen immer noch in Gedanken — Warum?

Doran. Ich berechne nur, ob ihr mehr Zeit zur Flucht gewinnet, wenn Bedorf ſeine Frau wirklich fortſchleppt, oder wenn er daran verhindert wird — Auch dieſes wird ſich finden —

Sophie. Nun verſtehe ich noch weniger, als zuvor —

Doran. Ich rede nicht eher gern, bis ich meiner Sache ſicher bin — (im fortgehen) blau atlaſſenes Kleid — weiſſen venetianiſchen Mantel, ſchwarz — (geht in Gedanken ab)

Sophie. Ich glaubte doch auch Menſchenverſtand zu haben, aber hier ſtreich ich die Seegel — komme was will, nur Pfalzbach mein. (ab)

Achter Auftritt.

(Ein grosser Tanzsaal mit vieler Beleuchtung und voll von Masken — im Hintergrund ein grosser Tisch, wo gespielet wird — es enden so eben die Menuets — hier tretten Frau von Bedorf — Minnchen und der Hauptmann zusammen, endlich Frau von Pfalzbach, der Hofrath, Sophie, Hannchen, Therese, Doran und Herr von Bedorf auf)

Frau von Bedorf (zum Hauptmann) Du denkst doch, Bruder! daß ich für alles Tanzen danke —

Hauptmann. Liebes Weib! könnte ich dich nur einen Augenblick ruhig sehen —

Frau von Bedorf. Vergesse Bruder, daß ich unglücklich bin, und geniesse du der Freuden, welche dir Jugend und Liebe darreichen —

Hauptmann. Schwester! Jugend und Liebe sind nur zu oft Zeiten der fürchterlichsten Gewitter . . . Auch für mich . . .

Frau von Bedorf. Jezt, da du die Einwilligung der Mama erhalten, wozu jezt noch Furcht? —

Hauptmann. Noch mancher Sturm, Frenzel! erwartet mich, vielleicht heute noch — o laß mich schweigen —

Frau von Bedorf. Wie räthselhaft? und

doch so schauerlich und bedeutend in der Ferne
sind deine Worte — komm, Bruder! wir beide
taugen hieher nicht — komm nach Hause zurück—
wir wollen um die Büste unseres Vaters Kränz
ze flechten —

Hauptmann. Könnte ich? recht herzlich
gern — doch du weißt ja, wen ich erwarte —
(nicht aber warum, bei Seite)

Minnchen (mit erzwungener Heiterkeit) Frohe
Gesichter würden hier wenig erscheinen, wäre
eure Sprache der herrschende Ton des Bals —
laßt uns eher die Mama suchen — kommt —

Frau von Bedorf. Wohl wahr, Minnchen; aber für ein Herz, das so, wie das Meine, gedemüthiget ist, erhöht nicht der Abstand
dieser allgemeinen Freude mein inneres Leiden—
hättet ihr mich doch zu Hause gelassen — (hier
kommt Doran en Masque souris, und reicht Pfalzbachen die Hand)

Hauptmann. Gilt mir diese Höflichkeit?

Doran. Dort ist eine kleine Zigeunerin, die
Ihnen viel schönes sagen kann —

Hauptmann. Wo ist sie — o einen Augenblick, Schwester! ich will dir meine Sophie zeigen. (schnell ab, Frau von Bedorf und Minnchen
wollen ihm nach)

Doran (zur Frau von Bedorf) Tanzen die gnädige Frau heute nicht?

Frau von Bedorf. Nein.

Doran. Verlust für die Gesellschaft, und mich besonders, da ich vormals bei der französischen Gesandtin öfters diese Ehre hatte —

Frau von Bedorf. Erlauben Sie Maske! daß ich mich entferne (hier kommt eine andere Maske, und bittet Minnchen zu tanzen, diese schlägt es auch ab, unterdessen spricht)

Doran (zur Frau von Bedorf) Unmöglich, gnädige Frau! können Sie die damalige Verhältnisse ganz vergessen haben; noch liebt Sie der Prinz, hier dieser Brief —

Frau von Bedorf. Eine solche Frechheit gegen mich?

Doran. Gemach, gemach, nicht mir, dem Prinzen gilt es. (gehet gegen die andere Seite der Bühne, behält sie aber im Auge)

Frau von Bedorf. Fort, Minnchen! — blutende Beleidigung — fort zu meiner Mutter.

Doran (schleicht ihr von ferne nach) Noch gar nichts verlohren — vielleicht ersezet meine Frau — (ab)

Frau von Bedorf (mit Frau von Pfalzbach,) Hier, meine Mutter, hier ist der Plaz, wo ein eingefleischter Teufel es wagte —

Frau von Pfalzbach. Nicht einen Augenblick würde ich länger hier bleiben, allein, liebe Frenzel! das Glück deines Bruders hängt davon ab — der Hofrath hat fürchterliche Vermuthungen; vom Minister erhielte ich alle Briefe von Sophien an den Obristen — worunter besonders der lezte noch von gestern sehr bedeutend ist — und vor dem Bal noch sprach der Hofrath den Obristen, welcher ihm eröfnete, daß Sophie heute Nacht verreisen, und Wilhelm bis gegen Frankfurt sie begleiten würde —

Frau von Bedorf. O wir haben ihn verlohren, fort von dem Bal — wo ist er — warum brachten Sie ihn hieher, warum liessen Sie ihn auch nur einen Augenblick von sich?

Frau von Pfalzbach. Gedult, liebes Kind! Wilhelm muß nicht vermuthen dörfen, daß er beobachtet wird — Siehe dort ist er unter dem Schwarm von Masken, die jene alte Zigeunerin umgeben —

Frau von Bedorf. Das ist Sophie.
Frau von Pfalzbach. Sophie?
Hofrath (kömmt eiligst) Die entsezlichste unserer Ahndungen ist erfüllt; Wilhelm hat für alles Geld seiner Kasse, die ihm auf unsere Bürgschaft in Händen bliebe, Gold einwechseln laß

sen — Es ist also nur zu wahr, daß er verlohren ist, wenn nicht die mütterlichste Vorkehr augenblicklich zu Hülfe kommt — Suchen Sie unter einem geltenden Vorwand ihn von hier zu entfernen —

Frau von Bedorf. Um Gottes willen, meine Mutter! eilen Sie —

Frau von Pfalzbach. O langsam, Frenzel! nur so ganz gemach ihm genahet — ein Verirrter, ein Unglücklicher hat volles Recht auf die heilendste Schonung — O Gott! unterstüze mich jezt, daß ich mir und dir ein Kind mehr erhalte — (gehen gegen den Tisch ab, wo gespielet wird)

Frau von Bedorf (im fortgehen) Wenn Sie gar keinen Verdacht bei Wilhelm erregen wollen, so unterhalten Sie sich auch mit Sophien —

Frau von Pfalzbach. Nur fort — alles, wodurch ich mein Kind retten kann, ist Pflicht für mich — (ab)

(Doran und Therese kommen von der andern Seite)

Doran (zeigt ihr einen Stuhl ganz vornen) Seze dich dahin, ich will nur sehen, ob Sophiens Rolle gelingt — (Therese sezet sich, Doran will abgehen, ihm begegnet aber)

Bedorf (sehr vermumt) Gott sei Dank, daß ich Sie finde.

Doran. Ah par Dieu! Nun was Neues?

Bedorf. Ich sahe die ganze Familie eintreten, entfernte mich in ein Nebenzimmer, und komme so eben wieder in den Saal, Sie, mein Freund! zu suchen.

Doran. Wo ist also Ihre Frau, und wie gekleidet?

Bedorf. Ein blau atlassenes Kleid, weisser venetianischer Mantel, schwarze — (erblickt Theresen von der Seite) dort, dort ist sie, ich will hier bleiben, und abwarten —

Doran. Diese dort? . . .

Bedorf. Eben diese, ich sahe sie an mir vorüber gehen.

Doran. Ich glaube, Sie irren —

Bedorf. Was irren? ich werde doch meine Frau kennen — Gehen Sie, Doran!

Doran. So viel Herz ich hatte, so sehr schwindelts mir jezt — bald gestehe ich Ihnen, daß ich zu viel versprochen . . . . Wenn Gott meinen Wunsch nur erhöret, daß sie nichts nimmt — überhaupt Freund! bester Herzensfreund! verschonen Sie mich —

Bedorf. Als Freund und Mann gaben Sie mir Ihr Wort —

Doran. Wie Sie auch einen zusammen pa=

cken können — Ich halte es — doch tretten Sie nicht zu nahe, Weiber haben Falkenaugen —

Bedorf. Ich brauche ja nur zu sehen — (Doran geht zu Theresen, und giebt ihr nach einer ziemlich langen stillen Unterredung einen Brief, den sie verbirgt, Doran geht zu Bedorfen zurück)

Doran. Sie wollten es so, Ihr Unglück ist entschieden.

Bedorf. Nun auch Höllenrache auf deinen Kopf; lassen Sie meine Frau nicht aus Ihren Augen, ich will meine Leute suchen. (ab)

Doran (sieht ihm nach, dann zu Theresen) Komm, wir wollen fort.

Therese. Wie du willst, aber Sophie?

Doran (hastig) Gehe nur, für diese ist schon gesorgt (wirft ihr seinen Mantel über) du bist warm, hülle dich in meinen Mantel — komm, komm. (eiligst zur andern Seite ab)

Sophie (wird von vielen Masken verfolget) Laßt, laßt mich.

Frau von Pfalzbach. Was schaftet ihr dann dort bei dem grossen Tisch?

Sophie. Ich sahe so viel Geld, und wollte nur sehen, ob nichts davon einem Vetter gehöret, denn wir bald erben werden; doch, Mutter! soll ich dir wahrsagen?

Frau von Pfalzbach. Willst du vielleicht sehen, ob auch bei mir bald etwas zu erben ist?—

Sophie. Guck, Mutter! wir glauben, daß alles, was in der Welt ist, für alle Menschen erschaffen worden; alle haben also Theil an allem — drum mag ein jeder sehen, wo er etwas bekommt, und wer was hat, der sehe, daß er's behalt. Dafür hat er Händ . . . . . . Nu gieb her dein Hand (Frau von Pfalzbach reicht ihr die rechte) Nichts nuz, Mutter! . . . bei Weibern muß es die Linke seyn — Gieb her —

Frau von Pfalzbach (für sich) O Gott! welcher Zwang. (reicht ihr die Linke; da hier)

Sophie. Ich leß in deiner schönen Hand, aus deiner blanken Hand leß ich — wirst hohes Alter erreichen, und Glück und Freude an deinen Kindern erleben, und da am mehrsten, wo du's am wenigsten glaubst . . . . . Nu, schenk mir auch was, Mutter!

Frau von Pfalzbach. Allerdings verdient diese gute Rede Belohnung, wär es auch nur, weil sie von dir kömmt, Mütterchen — (Sophie nimmt die Hände von andern Umstehenden, und erkläret durch Pantomim ihre Meinung; hier kommt Doran unter dem Haufen von Masken zum Vorschein)

Bedorf (von einer andern Seite) Wo sind Sie die Zeit über gewesen?

Doran. Wo Sie wünschen müßten, nicht einen Schritt von der Seite Ihrer Frau —

Bedorf. Meine Leute sind pünktlichst unterrichtet — Wo ist nun die Elende?

Doran. Dort unter diesem Trupp Masken, die die Zigeunerin umgeben; ich hörte den Augenblick die Frau von Pfalzbach und Frau von Bedorf vom fortgehen sagen — Was also geschehen soll, muß jezt noch seyn —

Bedorf. Nur fort — Nur fort —

Doran. Ach lieber Bedorf! wie wenig sind Sie aufgelegt, einen gescheiden Schritt zu thun — Nur diesesmal folgen Sie mir noch — bezahlen Sie Falschheit und schändlichen Betrug mit Verstellung — schleichen Sie sich zu Ihrer Frau — bereuen Sie Ihre Hize, Ihren Fehler, und so suchen Sie dieselbe ihren Leuten in die Hände zu spielen — und dann fort mit ihr, wohin Sie wollen —

Bedorf. Ich fühle, Freund! dies ist der einzige Weg; (nabet sich seiner Frau, und ganz leise) nur ein Wort, Frenzel! du kennst doch die Stimme, die dich rufet —

Frau von Bedorf. Bist du es, Bedorf? warum so lange von mir entfernet?

Bedorf. Verzeihe meinen Fehler, erst jezt
lernte

lernte ich dich ganz kennen — Nur ein Wort erlaube mir — (bittet sie fortzugehen)

Frau von Bedorf (redet leis mit ihrer Mutter) den Augenblick — o könntest du sehen, Bedorf! wie mein Herz Freude und frohes Entzücken schlägt. (giebt ihm die Hand, und geht mit ihm ab)

Doran (drängt sich zu Sophien) Mütterchen! es wird bald Tag, kannst heute bei mir bleiben —

Sophie. Ist mir bei Tage zu eng in euern Städten — kommt eher mit mir zu unsern Hütten, da lebt sichs noch so frei. (singt)
  Frei ist das Zigeunerleben
   Wohl draus im frohen Wald
  Erd und Himmel thun uns geben —

Doran. Du gehest nicht mit mir — so leb wohl, Mütterchen! (ab)

Sophie (stampft mit dem Fuß) Hat mich ganz irre gemacht — muß wieder anfangen.
  Frei ist das Zigeunerleben
   Wohl draus im frohen Wald;
  Erd und Himmel thun uns geben
   Gesundheit, Kraft, Gestalt.

Hannchen (als Zigeunerbube) Mutter! mich hungerts ganz erbärmlich —

Sophie. Komm draussen zum Feuer — hast doch deinen Maulwurf noch — will dir ihn braten — (gehen ab)

Doran (Doran ganz hastig zur Frau von Pfalzbach) Ich bin ein Unbekannter, gnädige Frau! der es für Pflicht hält, Ihnen die schändliche Art zu sagen, wie Herr von Bedorf Ihre Tochter mißhandelt. Eilen Sie, noch ist es Zeit, Ihr Kind vom öffentlichen Spott zu retten; ich hörte vom Kloster —

Hofrath. Herr! wo haben Sie meine Schwester gesehen? rasender Bösewicht, das kostet dich dein Leben —

Doran. Ich habe ganz im Dunkeln gehört, daß am Sebastiansspital die Post warte —

Hofrath. Am Sebastiansspital?

Frau von Pfalzbach. Laß dich nicht von diesem Augenblick hinreissen, Karl! — Vergesse Wilhelm nicht — Ich will hier bleiben — rette du indessen unsere unglückliche Frenzel (Hofrath ab)

Minnchen. Wilhelm ist der Zigeunerin gefolget — Ich sahe ihn noch nicht lange in das Nebenzimmer gehen —

Frau von Pfalzbach. Komm, Minnchen! deinen Beistand, o Gott! und dann gefaßt zu leiden — (beide ab)

Neunter Auftritt.

Ein abgelegenes Zimmer auf der Redoute; Herr von Bedorf mit einem Licht in der Hand, schleppt Frau von Bedorf mit Gewalt herein.

Bedorf. Frau von Bedorf. Der Hofrath.

Nur Gedult, bald kommst du an den Ort deiner Bestimmung — (riegelt die Thür zu)

Frau von Bedorf. Fürchterliche Lüge, noch wiederhole ich es vor Gott dem Allmächtigen — Nur ein Herz, in dessen Adern Vippern nisten, konnte diesen höllischen Betrug ausbrüten —

Bedorf. Nur immerzu, jezt, da ich dich in meinen Klauen habe, kann ich schon noch einige Minuten deine Theaterraserei ertragen — sprich doch auch von Dolchen und sonst so Instrumenten, die euch Romanenheldinnen mit Tausenden zu Befehl stehen —

Frau von Bedorf. Spotte, Bedorf! spotte; o über dich kommt gewiß eine Ewigkeit von Reue (es wird geklopft)

Bedorf. Hier in dieses Nebenzimmer, geschwind —

Frau von Bedorf. Nein, ich gehe nicht —

Jakob (von außen) Machen Sie doch um

Gotteswillen auf, gnädiger Herr! ich bin ja allein —

Frau von Bedorf.' Noch ein Miethling deiner Bosheit — o wem stünde auch die Hölle mit all ihren Flüchen zu Gebot, wär es nicht ihren Lieblingen —

Bedorf. Immer besser! noch fehlen aber Thränen; nun wird schon kommen — (riegelt die Thür auf).

Jakob. Das war ein vermaledeiter Streich — Sie gaben uns, gnädiger Herr! das Signalement so genau — blau atlassenes Kleid, weissen venetianischen Mantel, alles, alles auf ein Haar — die Taille der gnädigen Frau war mir nun ganz natürlich bekannt; ich stehe mit drei handfesten Kerls unter der Thür auf der Lauer — auf einmal geht einer meiner Kameraden gegen die Schneckenstiege zu, und sahe ein Frauenzimmer in einem Männermantel gehüllet, eiligst herunter kommen — er dies sehen, und eines Sprungs zu mir — ich stelle mich breit unter die Thür, wo die Maske hinaus muste, und sahe den Huth mit weisser Feder und Kokarde — Ich streifte so nah, so hart an der Maske an, daß ich auch den weissen venetianischen Mantel nebst der schwarzen Bayute gewahr ward, und unfehlbar glaubte, die gnädige Frau vor mir zu haben. Der Herr aber, der bei ihr war, hatte einen Degen —

Bedorf. O dein Glück ist es, daß ich waffenloß bin —

Jakob. Mäßigen Sie sich, gnädiger Herr! mein Fehler ist es nicht — Vor's erste war an der Redoute nichts zu machen, denn ohne Lermen war dem Herrn das Frauenzimmer nicht abzujagen — Wir also, meine Kameraden und ich, schlichen uns ganz von weitem nach — Auf einmal verließ der Herr das Frauenzimmer auf offener Straße, und eilte, was er konnte, zu der Redoute zurück — wir also unserm Braten stärker nach — ohne viel Wesens zu machen, aufgepackt, ein Sacktuch um den Mund, und dem Sebastiansspital zu, als hätten wir sie gestohlen —

Bedorf. O daß ihr alle Hals und Bein gebrochen — und ich ... ich ... hätte ich dann alle meine Sinnen verlohren —

Jakob. Jezt kömmts Beste, gnädiger Herr! — Kaum wir nun in die Straße gegen das Spital einlenken, fällt uns ein Mann, der sich für den Bruder der vermeinten gnädigen Frau ausgab, wie wüthig an — drohete den einen meiner Kameraden zu durchbohren, und schrie aus allen Kräften zur Wache um Hülfe — Diese kam, hier war also für uns andere nichts räthlicher, als die Flucht — Auch ergriffen wir dieses einzige Rettungsmittel — doch schlich ich unsern Räubern von ferne nach, und sahe, daß die ganze Caravane ins Pfalzbachische Haus einlief.

Frau von Bedorf. O Bedorf, Bedorf! ich verdiene diese Mißhandlung nicht — erbarme dich nicht über mich — (fällt ihm zu Füssen) über meine Mutter —

Hofrath (von aussen) Mit deinem Leben, Schurke! haftest du für meine Schwester

Keller (stößt die Thür ein mit Licht in der Hand) Ach Gott! ach Gott! Ihr Gnaden — hierein hat Herr von Bedorf ein Frauenzimmer geführt, wie Sie es beschrieben.

Frau von Bedorf. Die Stimme meines Bruders.

Hofrath (mit blossem Degen) Wo bist du Frenzel —

Frau von Bedorf. O mein warmer Schuzgeist! (lauft gegen ihn, Herr von Bedorf will dazwischen tretten)

Hofrath (hält ihm den Degen vor) Keinen Schritt weiter — sonst darf ich nicht mehr hoffen, daß Sie hintergangen sind, ich muß sonst glauben, daß Sie zu der Rotte schändlicher Bösewichter gehören, die diesen teuflischen Plan entworfen ... doch kommen Sie zu meiner Mutter — es hellet sich eine Reihezweckmäßig überdachter Schandthaten auf — Fort, fort ... nimmt Frau von Bedorf an den Arm, und ab mit ihr und Herrn von Bedorf—

Zehnter Auftritt.

Eine Strasse — im Hintergrund siehet man den alten Pulverthurm — an einigen Häusern erlöschen die Laternen.

Frau von Pfalzbach. Hauptmann. Hof. Doran und Sophie.

Frau von Pfalzbach. (in einem Mantel gehüllet, einen Huth auf dem Kopf) Hier also, lieber Hof! hier wäre der Ort der Zusammenkunft meines Sohnes mit Sophien?

Hof. Ja, gnädige Frau! — Ich erfuhr es von dem Kutscher, der sie nach Frankfurth fahren soll — Nicht aber, als hätte der Pursch mir etwas von unserm Herrn Hauptmann gesagt, sondern er vertraute mir bloß, daß er den Fechtmeister Doran führen müßte, und dieserhalb nach zwei Uhr hieher bestellet wäre —

Frau von Pfalzbach. Wenn sie ihren Plan nur nicht geändert, oder wir zu spät kämen, dann hätte ich meinen Wilhelm verlohren.... So viel Aengsten.... o Gott! erbarme dich—

Hof. Seien Sie ruhig, gnädige Frau! unser Herr General, so oft wir bei einem Scharmüzel oder sonst so Affairen mit dem Messer in der Faust ansprengten — da jagte er immer hell vor der Front her! Muthig, Kinder! vertrauet auf Gott, sagte er, der verläßt keinen ehrlichen Deutschen — so müssen Sie jezt auch denken, gnädige Frau..... doch still.... hörten Sie nicht auch.... ja, ja, ich höre was kommen — und will sehen, wer es ist — (geht gegen den Hintergrund, kommt aber gleich wieder zurück) es sind ihrer zwei; kommen sie näher, gnädige Frau! (Frau von Pfalzbach geht näher, es kommen Hauptmann und Doran, und gleich darauf Sophie in Reisekleidern und Hannchen)

Frau von Pfalzbach. Dieser dort in dem grosen Pelz mit dem runden Huth, dieser ist mein Wilhelm, mein Herz sagt mir's.

Hof. Weiter hinten sind auch Weiber — das ganze Complot ist beisammen —

Frau von Pfalzbach (wirft Mantel und Huth ab, nimmt eine verborgene Laterne hervor, und geht so dem Hauptmann rasch entgegen) Das bist du, Wilhelm? und das deine Mutter, die dich hier antreffen muß?

Doran und Sophie. Seine Mutter?

Hauptmann. Meine Mutter! Gott im Himmel meine Mutter!

Doran. Das ist ein Teufel von einem Weibe —

Sophie. Jezt sei Mann, Schüzer, Erretter für mich — komm fort.

Frau von Pfalzbach (greift Sophien bei der Hand) Nein, Sophie! nicht fort — Erst soll Wilhelms Herz entscheiden, ob er ihre Hand noch verlangt, wenn er ihre Briefe an den Obristen alle gelesen haben wird? — Mir ist jedes Mädchen als Tochter lieb, die Wilhelm zur Frau sich wählt — Aber daß der nemliche Schritt, der mich zum Grabe führet, auch mein Kind in Elend stürzen soll — das wird mein Lohn doch nicht seyn sollen —

Hauptmann (fällt seiner Mutter in die Arme) O meine zärtlichste Mutter! lassen Sie mich Ihre Knie umfassen

Sophie (will ihn zurück halten) Wilhelm — von Verbrechen brachtest du mich in Verderben — was wird aus mir —

Frau von Pfalzbach. O ich habe mein Kind wieder. (fällt dem Hauptmann um den Hals)

Doran. Sophie — Alles nuzet nun nichts mehr, denke vielmehr an das Ende, das unsere Geschichte noch nehmen könnte — der Brief des Prinzen — ich glaube, wir benuzen den jezigen Augenblick zur Flucht — etwas später, und vielleicht auf lange, wohl gar auf immer zu spät—

Sophie. Du hast recht — überall werde ich noch einen Pfalzbach bekommen (ab)

Hannchen. O jezt geht es sicher aufs Theater. (ab)

Frau von Pfalzbach. Wilhelm! jezt, da ich dich habe, ist erst die Helfte meines Jammers von mir abgewälzet; Bedorf hat unsere arme Frenzel vom Bal entführt — Karl ist ihnen nach — Gott weiß aber — o eile mit mir, Karl liebt meine Frenzel nur als Bruder, o lange nicht heiß genug für Mutterzärtlichkeit.

Hauptmann. Wer? Bedorf meine Schwester — Nur eine Spur von dem Verräther —

Frau von Pfalzbach. Laß an deinen Arm mich stüzen, — doch sieh, mein Kind! ohne deinen alten Hof wären wir jezt eben so unglücklich, als wir nun glücklich seyn können —

Hof. Herr Hauptmann! Sie schickten mich fort, aber die gnädige Frau ließ mich wieder rufen —

Hauptmann. Nun trennen wir uns nie mehr —

Hof. Wenn Sie bei der gnädigen Frau bleiben, will ich bei Ihnen sterben —

Hauptmann. O meine Mutter! Sie wissen mein ganzes Verbrechen noch nicht — wodurch ersez ich —

Frau von Pfalzbach. Durch dein Herz — und deine Kasse vielleicht — komm nur ... ich fühle allmählig, wie abgemattet ich bin — doch meine Frenzel! Komm Wihelm meine Angst giebt mir neue Kräfte ... Nur fort, nur fort — (alle ab)

Eilfter Auftritt.
Zimmer der Frau von Pfalzbach.

Hofrath. Bedorf.

Bedorf. Ist es möglich, die Bosheit so weit zu treiben — alles so einzufädeln — Doran seine eigene Frau zu dieser so schändlichen Rolle zu mißbrauchen ... mich so zu hintergehen, und meine arme Frenzel in all den Jammer zu stürzen .... doch ich Elender bin allein strafbar —

Hofrath. Dieser Sturm ist vorüber — Sie mußten von Dorans Frau die wahre Erläuterung einziehen, von ihr selbst hören, daß Doran ihr, und nicht meiner Schwester den nemlichen Brief zugestellet, den Sie aus ihren Händen empfangen — hören mußten Sie, daß es offenbarer Betrug war, daß meine Schwester und Dorans Frau gleich gekleidet auf dem Bal erscheinen mußten — doch verweilen wir nicht länger; Wilhelmen und unserer Mutter zu Hülfe zu eilen — das kürzeste ist, der eine von uns an das Bergthor, und bei der geringsten Spur die Wache zu Hülfe genommen; und der andere in die Redoute, und von da in Sophiens Wohnung — Fort — fort — (gehen ab, man hört Lermen)

Bedorf. Welcher Tumult... hören Sie.... wenn der Mama ein Unglück widerführe —(lauft gegen die Thür, hier kommt Frau von Pfalzbach und der Hauptmann) verzeihen Sie, meine Mutter! verzeihen Sie den Jammer, den ich Ihnen machte. (küßt ihr die Hand) Ich bin strafbar, ich fühl es, ward aber schändlich gemißbraucht, schändlich betrogen —

Frau von Pfalzbach. Seien Sie ruhig, mein Sohn! wer nicht verzeihen will verdient auch keine Verzeihung — Ich habe bei dem Eintritt in das Haus die glückliche Entwicklung des Ganzen erfahren, die gewiß ein Werk der Vorsicht ist — doch erlauben Sie mir einen Augenblick. (geht in ihr Kabinet.

Hauptmann. Wo ist meine Schwester?

Hofrath. Unten bei Minnchen — bei der Nachricht von deiner Flucht unterlag Minnchen dem Uebergewicht ihres Kummers —

Frau von Pfalzbach (kommt zurück) Ich sagte dir von Sophiens Briefen, Wilhelm!.... hier... die Hand kennst du doch...hier lese noch den lezten von gestern —

Hauptmann. Nein — meine Mutter —

Frau von Pfalzbach. Lese, Wilhelm! (giebt ihm Briefe) und Sie, mein Sohn! (zu Herrn von Bedorf) empfangen Sie hier einen kleinen Beweiß meiner Vorsorge für meine Kinder. (giebt ihm Papier)

Hauptmann (liest) „Ich muß Pfalzbachen „heirathen, um einen gewissen Stand zu be-„kommen, verhindert es seine Familie hier, so „will ich ihm schon Tollsucht genug beibringen, „daß er mit mir entfliehen muß, um sich an „einem dritten Ort mit mir trauen zu lassen —„Am Ende giebt seine Mutter doch nach—dann „aber sollen Sie die Heftigkeit meiner Leiden-„schaft für sich erst ganz kennen lernen —„Das, das, und noch weit mehrers verdiente ich, weil ich Sie, beste Mutter! so sehr betrübte —

Bedorf. Für mich also dieses Patent als

wirklicher Rath bei dem hiesigen Oberjustizkolle»
gium . . . . und das thaten Sie für einen Men»
schen, der Sie so schändlich beleidigte —

Frau von Pfalzbach. Keine Danksagung—
für wen soll mein Herz dann wärmere, thätige»
re Liebe schlagen, als für meine Kinder? Wo
aber meine Frenzel bleibt — Ich hoffe doch, Karl!
für Doran's Frau ist in allem gesorget, sie ist
schuldloß und unglücklich . . . . ich will aus Scho»
nung für sie nicht in Minnchens Zimmer gehen —
bringe mir also meine Kinder hieher . . (Hofrath ab)
Nun Wilhelm siehst du doch, wohin Leidenschaf»
ten führen können — Aber glaube mir, unschul»
dige Liebe ist höchstes Glück auf Erden, du hast ein
weiches Herz, weißt jezt die Wirkung deiner
Flucht —

Hauptmann. Welcher Aufschluß auf ein»
mal —

Frau von Pfalzbach. Niemand sieht durch
deine Augen, Wilhelm! Niemand fühlt in dei»
nem Herzen, als du — Also wähle du dir ein
braves Weib — gleichviel, ob es Minnchen oder
nicht Minnchen ist — nur wähle glücklich —

Hauptmann. Meine Mutter! lassen Sie
mir nur Zeit, durch meine Reue Hand und Herz
eines biedern Mädchens verdienen zu können —

Frau von Pfalzbach. Nun ist mir für deine gute Wahl nicht mehr bange, wenn du nicht vergessen willst, daß zum dauerhaften Glück einer Ehe nicht Liebe allein genug seie — gegenseitige Freundschaft und Verehrung —

Hauptmann. Verdien ich dieses? —

Lezter Auftritt.

Frau von Bedorf. Minnchen. Die Vorigen.

Frau von Bedorf. Standhaft, liebes Minnchen! Sie allein vollenden Wilhelms Besserung und Glück —

Frau von Pfalzbach. Hier kommen meine Kinder! (will auf sie zugehen, Herr von Bedorf aber lauft in die Arme seiner Frau, und der Hauptmann zu Minnchen, Frau von Pfalzbach bleibt zurück, und reicht dem Hofrath die Hand, hier eine feierliche Pause) Alles, Karl! alles ist dein Werk; (Hofrath küßt ihr die Hand) o welcher Anblick für ein Mutterherz, als sähe sie die ganze Schöpfung Gottes in diesem Augenblick zum ersten mal —

Frau von Bedorf. Hier, lieber Bedorf! ist die Anweisung über die 6000 Thaler, die meine Mutter uns nun auch giebt —

Bedorf (zerreißt das Papier) Ich habe alles in — dir Frenzel! (fällt ihr um den Hals)

Hauptmann (zu Minnchen) Können Sie dem verzeihen, der Sie und seine Mutter so fürchterlich beleidigte —

Minnchen. Ich liebe Sie.... sonst fühl— sonst weiß ich nichts —

Frau von Bedorf. Meine Mutter! Sie allein lehrten mich die Kunst, das Herz meines Bedorfs mir zu erkämpfen; ich habe es.... bleibe von nun an ungetrennt an Ihrer Seite, meine Mutter! — wie sehr freue ich mich meines Leidens, das diesen grossen Ersaz mir schenkte.

Hauptmann. Du littest unschuldig — aber ich.. so strafbar auch gegen dich, Bruder —

Hofrath. Wilhelm! wenn du einst recht glücklich seyn wirst, dann liebe mich als deinen Freund (sie küssen sich)

Frau von Bedorf. Bruder! du warst ein Opfer schändlichen Betrugs und deiner Unerfahrenheit.

Minnchen. In seiner Verirrung also noch gut, o was wird Wilhelm dann seyn, wenn Tugend und Unschuld sein Herz zur Liebe einst stimmen werden —

Hauptmann. Minnchen! noch verdiene ich sie nicht. (küßt ihr die Hand)

Frau von Pfalzbach. Kommt in meine Arme — ihr meine Wiedergebohrne.... (nimmt Frau von Bedorf und den Hauptmann in ihre Arme) Glühender drückt ich euch nicht an mein Herz, da euer Vater euch das erste mal mir reichte... seht, Kinder! so liebt eine deutsche Hausmutter.

ENDE.

www.ingramcontent.com/pod-product-compliance
Lightning Source LLC
Chambersburg PA
CBHW030308170426
43202CB00009B/912